U0140345

在 家 買 股 滾 出 破 億 身 價 ❷

倫敦最狂散戶的
股市實戰策略

「策略站得穩，不怕市場作風颱！」
寫給小資股民的48堂盤前策略課

THE NAKED
TRADER'S BOOK OF
TRADING
STRATEGIES

Proven ways to make money investing
in the stock market

Robbie Burns

羅比・伯恩斯──譯　李祐寧──譯

Contents
目錄

進場前，要先紮穩根基
💡 股市贏家的3個獲利基本功

第一部分

完美運用 48 個股市贏家策略

💡 策略站得穩，不怕市場作風颱

- 如何管理一個或多個投資組合？

- 我持有這些股票的原因和理由

- 重要！你絕對不能忘記的事

前言

你真正需要的股市
投資策略

歡迎你打開這本書，或者說你打開了一個能讓投資人儲備更多賺錢祕技的策略百寶箱。

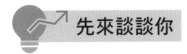 **先來談談你**

我猜你現在一定在想……「這本書適合我嗎？」

我希望答案是肯定的！嚴格來說，這本書並不是為股市菜鳥而寫的：你必須具備且擁有一定的股市實戰經驗，或者至少看過我的書。但如果很不湊巧，你就是股市菜鳥，也請不要擔心。請先收好這本書，等到你累積了一定的基礎知識、開始搞懂自己究竟在做什麼以後，你就能立刻掏出這個百寶箱。

當然，我也不會預設你是一位經驗豐富的操盤手。我猜，你知道如何買賣股票，也交易了一陣子。但或許你總是以同樣的手法操作，而那個手法卻開始失效了。或許新冠疫情擊垮了你的心血。也許疫情後的股市雲霄飛車，讓你徹底失去了信心。無論原因是什麼，你都需要一些新的靈感。倘若如此，那麼這本書百分之百適合你──書中包含了應對困難時期的策略。

儘管這本書或許不適合什麼都不懂的菜鳥，但也不用擔心內容會過於艱澀。我可不打算寫一本關於技術性策略的冗贅教科書。我所寫的書，用得都是最簡單的字句，就跟我說話的內容是一樣的。因為祕密就在這裡：

「想在股市賺錢，根本不需要搞得太複雜！」

我的策略一點都不複雜或嚇人。它們既符合邏輯，也很容易理解，而且確實有效。

本書將讓你獲得各式各樣可運用在不同市場情況下的策略。你不需要以賭博的方式來擺脫損失，或讓自己變得亂無章法。你需要的不過是「能賺錢的方法」。而本書提到的所有方法，都確實讓我賺到錢，而且是「持續賺到錢」。

如何使用這本書？

這本書可以拆分成幾個部分：紮穩根基（簡單卻重要）、策略（包山包海），以及結語（所有的美好都需要一個結局）。

請一定要從「紮穩根基」開始閱讀。在這之後，你可以自由地在「策略」部分來回穿梭。你可以從頭到尾慢慢讀，但這些策略並沒有依照什麼特定的順序排列，因此請隨心所欲地翻閱。若不喜歡某個策略給你的感覺，沒關係，搞不好你會喜歡下一個策略。

我之所以這樣安排，理由很簡單──我喜歡「簡單且符合常識」的策略。倘若某件事需要花一輩子的時間去解釋，那麼我想那件事恐怕也無法讓你賺到錢。

有些交易策略和系統實在過於複雜，感覺就像是在蓋100層的高樓，只要你試圖跳過1層，整座大樓就會為之傾頹。在我的書中，可不會發生這種事。

因為就我的個人經驗來看，你根本不需要那樣做！

另一個問題是，「如果我不住在英國，有沒有適合全球市場的投資策略呢？」

雖然我的上一本書，某種程度比較適合英國市場，但這本書則應該能幫助到世界各地的投資人。

　　我確實在本書中提到了幾次「ISA個人儲蓄帳戶」（Individual Savings Accounts）[1]和「SIPP自選投資個人退休基金」（Self-invested Personal Pensions）[2]及「點差交易」（spread betting）[3]。但即便你人不在英國，你還是可以運用我的方法成功交易，而且你經常能在你居住的國家，找到類似的帳戶或稅務方案。

　　當你看到這些字眼時，別擔心——只要記得這一切都是為了節稅（在合法的範圍內）。當然，你也能用需納稅的帳戶來應用這些基本技巧，或是應用在你的國家提供的免稅帳戶內。依此類推。雖然我舉的例子是以英國股市為主，但英國「富時100指數」（FTSE 100）中的公司已具高度的國際化，假如你有在做交易，那麼你應該不難將我的策略套用在你所操作的股票、指數或市場上。

1　英國的免稅儲蓄工具。ISA帳戶分為現金和股票兩種類型。現金ISA類似於普通儲蓄帳戶，但利息免稅；股票ISA則允許用戶投資股票、基金等標的，賺取的收益同樣免稅。ISA帳戶每年有固定的存款額度上限，2023/24年度的限額為2萬英鎊。

2　英國的個人退休帳戶，允許投資人自行選擇投資項目來管理退休金。與傳統退休金計畫相比，SIPP提供更大的投資靈活性，投資人可以選擇股票、基金、債券、商業地產等多種資產來增值退休金，亦享有稅務減免，且投資收益在帳戶內免稅。

3　英國的金融投機工具，投資人可以根據市場價格的波動來下注，預測某個市場、股票或商品的價格變動方向，若預測正確，就可根據價格波動的幅度獲利。點差交易的特點是無需支付資本利得稅或印花稅。

找出符合你個性的投資策略

在我長達23年的全職交易及17年在投資研討會上演講的豐富經驗裡，我學到最重要的一件事，就是「交易者最討厭改變」。我們經常被自己的策略困住，儘管你的策略早已不管用了。

也許新的策略太嚇人了，但所有交易者三不五時都必須接受新想法的刺激。當然，你不需要急著將每一個策略付諸實踐。本書的日的就是提供讀者大量的靈感，讓讀者隨心所欲地篩選與結合，並進行嘗試。而且是慢慢地嘗試。本書旨在幫助你找出最適合自己的策略。

不是每個策略都適合所有人。每個人的性格與投資配置都不一樣。本書的某些策略可能會讓你退避三舍。那也沒關係。但我希望你能從中找到不少策略，並將它們結合到你的投資中。就算只有一個策略讓你賺到錢，那也至少值250英鎊吧（我假設你根據我寫這本書期間的通貨膨脹率來支付書錢）。

書中某幾個策略甚至能幫你省錢——多數策略都是關於「你該做什麼」，但也有一些策略是告訴你「千萬不要做什麼」。許多時候，光是按兵不動，或單純避開某些情況而讓你省下來的錢，就遠勝世界上任何一種行動。

交易就是這麼有意思。

你需要兼具積極與鬆馳感的策略

唯一會遇到壞運氣的交易者有：當沖客、技術分析師、外匯與大宗商品痴迷者，以及任何一個覺得自己能在短短幾個下午內賺進數百萬的人。

我是一個交易者，但我感興趣的是「長期獲利」，因為這是最可靠的賺錢方法。但在某種程度上，我也不屬於那種刀槍不入的投資人，那種在一年之內絕對不會對自己的投資組合做第二次檢查的人（儘管這對那些方法與我不同，且更加被動的投資人來說，或許才是明智的）。

我會定期採取行動。但我也不會時時刻刻牽腸掛肚。我會使用圖表，但我使用的圖表是那種簡單且符合常識的類型。我不喜歡東拉西扯。如果你就喜歡那些複雜的玩意兒，那麼很抱歉，這本書可能不大適合你。

但倘若你想尋求能賺錢的策略，也願意付出耐心與時間，那麼這本書就非常完美！

本書的策略大致延續了我前幾本書中，鬆弛的「茶與吐司」（tea and toast）交易風格。你可以快速且輕鬆地部署這些策略，然後投入到生命中真正重要的頭等大事上：喝杯約克郡茶，配上抹著熱奶油的吐司。

你不需要整天死守在電腦前。一切自有其秩序，同時卻又很放鬆。如此一來，你就可以花更多時間癱在沙發上耍廢。

祝你好運！但千萬別忘了：市場是瘋狂的。我希望這本書能讓你安然度過某些瘋狂時刻。

祝你一切順利。

羅比

進場前，要先紮穩根基

股市贏家的３個獲利基本功

基本功01

開盤前先做好這8個
準備工作

如同我在〈引言〉中所說的，這本書並不適合什麼投資都沒碰過的新手。但你也不需要是身經百戰的老手。與其花大量時間去概述或解釋我接下來要提到的策略，我認為比較有效的作法，是先簡單地向讀者交代我的交易方法學，以及我對一間公司的期待。

本書的每一個策略，都是以本章的內容為前提。這就是最赤裸的根本。或者你高興的話，也可以說它們是必備品。請不要以為我提出本書策略的目的，就是為了讓我（或你）能跳過這些基本功。策略需要它們（少數除外，時候到了我自會解釋）。

「策略」不是讓你能跳過以下基本需求的捷徑，而是讓機率稍為有利於你的方法，或者找出有效的切入角度，或者提出新的交易想法。

你或許已經整理出一套非常適合自己的必備品。因此，請不要認為我講的方法就是唯一的真理，或者你必須擁有跟我一模一樣的必備品才能使用我的策略。我的目的，只是想事先交代每一筆交易的背景作業與想法罷了。

你可以依據自己的情況，移除下列某些事項，或增添某些動作。完全沒有關係！

 Tips1 確認公司的財報與新聞

我會確認公司的財務報表與新聞，無論是好的、壞的或中立的新聞，你可以利用類似金融資訊網站 ADVFN.com 的關鍵字查詢功能（ADVFN. com > News > Highlight Phrases）。

基本上，這個動作能幫助我快速做初步判斷，任何出現大量正面詞彙，例如「超出預期」、「有利」、「獲利成長」、「改組」等等的公司，都值得我們進一步檢驗。至於恐怖的公司，例如「低於預期」、「困難」、「無法預測」、「極具挑戰」、「棘手」等等的公司，則可先將它們扔到一旁。一段時間後，你就能熟

練掌握這些關鍵詞彙。許多公司喜歡使用晦澀難懂的術語，而這個動作能幫助我們揭開真相。

Tips2 確認公司的債務數字

我會檢查「淨債務」（net debt）。這是公司債務減去現金的數字，也是看清楚一間公司到底欠了多少錢的最精確做法。所有負債金額超過全年稅前淨利 3 倍的公司，我都不會碰。這種公司對我來說風險太高；我見過太多這樣的公司最後破產。相較之下，「淨現金」就很棒。

Tips3 確認公司的關鍵事實

我會檢查特定關鍵事實，像是「市值」──倘若低於 2,000 萬英鎊，或者我能交易的量低於 2,000 英鎊，那麼流動性就太差且太危險了。

同樣的，假如該公司此刻正在賠錢，那麼也只能說聲抱歉了。假如點差（即買價與賣價之間的差異）超過 5％，那也同樣抱歉囉。假如該公司與石油或能源有關，再會！假如 Stockopedia（英國最大的金融投資網）把這間公司標示為「盈

餘操控（earnings manipulation）風險」[1]或「超爛股」，同樣也是慢走不送。

 Tips4 確認公司的股利變化

如果一間公司接下來要調漲股利，這就是重要的好兆頭。但若股利在沒有任何特殊理由的情況下縮水，我就會很擔心。

 Tips5 確認公司的股價走勢圖

接著，我會檢視公司去年的股價走勢圖。如同我說過的，我沒有時間去思考那些技術上的古怪之處。或許我會因此錯失某些機會，但我有我的辦法，而這些辦法也很適合我。在這個步驟裡，我會希望看到一間公司呈上升趨勢。（或者，假如我在尋找一檔陷入谷底的股票，那麼我會希望見到下跌趨勢後開始復甦的早期徵兆。）

1　意指公司透過不當或具有誤導性的會計手法來調整財務報表，藉此提高或降低盈餘。

Tips6 確認法人及董監事的持股狀況

即便目前一切看起來都很好，但會不會有什麼突發狀況讓我的交易被殺個措手不及呢？我會確認近期是否有法人買進或公司內部交易的狀況。我對公司董事買進的股份數量與其當前持股的比例，尤其感興趣。這是觀察他們對自家公司是否有信心的絕佳指標。

Tips7 確認公司的本益比

該看看本益比（PE ratio）了。這個數字很抽象，但在選股時非常有用，本益比能讓你明白市場對於不同公司的估價。舉例來說，在同業平均本益比為25的群組下，若一間公司的本益比為12，就意味該公司的股價可能被低估了。

Tips8 億萬富翁測試

最後我會做「億萬富翁測試」。我會假裝自己是億萬富翁，一般交易已經不能滿足我了，我打算直接買下整間公司。當然，我只會在該公司能讓我回本、甚至讓我賺到更多錢的情況

下才會出手。為此,我必須知道該公司能賺多少錢,而我要花多少成本才能得到這樣的成果,倘若身為億萬富翁的我對這筆交易不感興趣,那麼身為交易者的我當然也不會有興趣。

在交易的時候,我一定會設好停損點。我傾向用一檔股票的前一個支撐價位作為基準。有時候,我還會使用我所謂的「逃跑要快」策略——亦即當一筆交易的苗頭不對,我會立刻抽身。例如當我買進某檔股票,隨後卻看到賣壓湧現、股價承受巨大下挫壓力的時候。

事實上,在接下來的篇幅裡,會出現大量的實際買賣操作範例,展示上述所有步驟,以及接下來各個策略的實踐。

絕大多數的例子,我都已經獲利了結。但也有一些例子在我寫書之時,仍是我的持股(我會在內容中標記出來)。假如你有興趣想知道在我寫書以後的任何一筆交易情況,請上nakedtrader.co.uk,點擊「Trades」(交易)即可。

現在,該快速地來討論一下我們的交易計畫了!

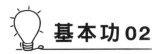 **基本功02**

為你的每筆交易做好 萬全的計畫

每當我遇見那種不會適當規劃交易的投資人時,我都會很驚訝。尤其在知道他們已經用那種態度交易了好一陣子後。

既然你買了這本書,我能肯定你一定是位正直的好公民,自然也會好好地為自己的交易做計畫。但或許你已經開始有點鬆懈、有好一陣子都沒有制定計畫,或者不再像過去那樣深思熟慮了。我們很容易被興奮沖昏了頭,或過分相信自己的直覺與經驗。

然而,世界上所有最厲害的交易者,即便在從業了數十年後,仍舊會為自己的每一筆交易制定計畫。這可以避免我們因循怠惰,或者在沒有可靠的獲利前景下貿然交易。這也意味著你永遠不會遇到一種狀況:明明才剛進場,你卻已開始質問自

己「這筆交易到底能讓我得到什麼？」或「假如事情出錯了該怎麼辦？」

又或者更糟的，「我的老天爺……救命啊！」

假如你陷入了不去規劃每筆交易的窘境，那麼你該跟著以下的內容動起來了！

> 你決定買進某些東西。你認真研究了，你也認為此刻是進場的好時機，一切看起來都很完美。但在你實際敲下「買進鍵」之前，你必須要有一套計畫並嚴格遵守它。

一但有了計畫，請寫下來，將它放在你的試算表、筆記本程式或任何一種你習慣的記錄工具中。在整個交易過程中，經常複習這份計畫，或甚至在制定未來的計畫時也要重溫它。請記住：記錄的習慣，能讓你獲得亮眼的長期表現。

至於計畫的內容，我認為應該要包含這幾項：

1. 我期望於何時（when），從這筆交易中獲得什麼（what）。（快速獲利？價格區間獲利？中期計畫？長期持有？）

2. 為什麼股價會按照我預期的那樣改變？

3. 目前股價及我要賣出的目標價是？（部分持股或全部持股）

4. 我打算買進多少數量的股票？

5. 我的停損點設在哪裡？（下一章會有更詳細的討論）

　　你可以在各大交易平台上設定「價格提醒」通知，確保自己能得知某檔股票正在上漲或下跌，或是已達到特定的價格水準。當事情發生時，請根據計畫採取行動。你也可以設定自動停損。這個方法非常棒！

　　我不認為「目標價」應該像顆巨石那樣，一動也不動。那應該更像是一種督促你詢問自己的契機：「我有沒有賺到錢？」而這個提醒，能讓你重新思考自己對於「以更高價賣出」的想法。

　　你或許也會想在自己的交易計畫中，記下公司發布下一次財報或業績成果的日期。如果你想在利多消息出現之前賣掉某檔賺錢的股票，那麼這個舉動就能方便你執行這個策略（請見「策略 06」）。

　　又或者該公司的股價已經逼近了你的停損點，且可能還有更多利空消息要公布，那麼你或許可以在該公司發布那些獲利

警示（profit warning）之前，提前出場，為自己省點錢。

假如你是懂得二級報價（level 2）的高段位投資人，當一檔股票觸發了這些警示時，就代表你該好好檢查停損點了。（假如你不懂也沒關係。）

交易計畫最重要的部分，毫無疑問，就是「停損」。當事情發生了，請立刻採取行動。這就是原則！

但是，你該如何設定理想的停損價位呢？這就是下一章的事了。

基本功 03

正確設定停損點以便
不帶情緒的出場

我相信你們之中有些人會設停損點——也有些人不會。

「懦夫才設停損點，」有人會這麼說。也有些時候，這個方法不太好用。你脫手了，卻眼睜睜看著股價漲上去，於是你怒吼著：「我受夠停損點了！」

但是當行情開始往下走時，你絕對會對它心懷感激。

如果你不設停損點，那麼你會遇到的問題就是那檔爛股票永遠脫不了手——然後它甚至還會越走越低……再低……當它走得越低，你願意認賠殺出的機率也越低。你意氣用事，最終被那檔股票套牢。

請設好停損點以避開這樣的心理障礙。而且我敢保證，在你把那個燙手山芋扔掉以後，心情絕對會比較好！

一旦設好停損點，請永遠永遠永遠都不要將這個停損價位往下調。假如股票表現良好，你可以將停損點往上調。沒有什麼感覺比把停損點設在不賺不賠的價位上，更令人通體舒暢的了。

　　請看看以下這兩檔熱門股的線圖。幾乎在任一個時間點設下停損，都能讓你在情況變得更糟以前，趁早脫身！

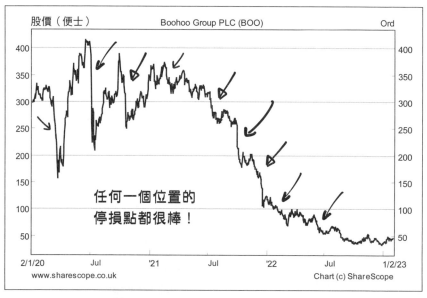

Boohoo——果然是「哭哭公司」*！

---

*　Boohoo是描述小孩哭泣的狀聲詞，作者以雙關語來表達該公司的股價讓人痛哭流涕。

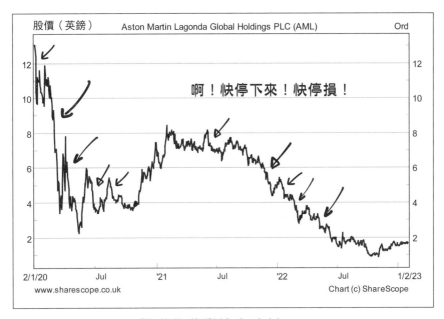

Aston Martin——慢動作欣賞撞車時刻

　　或者，你也可以使用我的前作《在家投資致富術》中詳細討論的「移動停損」，這在某種程度上，就像是自動完成同樣的事。絕大多數的券商都能為你執行停損動作，甚至設定提醒，在股價快逼近你的停損價時，透過手機或email讓你知道。

　　停損的機制確實太棒了，但問題是：你應該把停損點設在哪裡呢？是的，沒錯，你可不想在股價只是短暫地向下波動時，就被瞬間洗出場外。但這件事確實有可能發生，所以你必須採取某些保護措施。

在設定停損時，我不會用百分比當作基準。我傾向於找出該檔股票歷史上的支撐點位，然後將停損點設在略低於此位置的價格上。

最好還是讓我舉一、兩個例子。

2022年6月，我在ME Group的股價向上突破時，以約莫75便士的價格買進，並將停損點設在66便士，略低於該公司五月的支撐點68便士，請見下圖。

ME Group的停損點設定

一般來說，我會多留一點空間，好將點差納入考量。後來，當該公司股價上漲到100便士以後，我就理所當然地把停損點提高到85便士。

2022年7月，我用392便士的價格買進了Ricardo。透過下圖你可以觀察到在5月的時候，該公司的股價怎麼樣都不肯向下跌破340便士，但考量到這檔股票的點差很可能會超過10便士，所以我把停損點設在330便士。但倘若走勢翻轉，或二級報價不妙，我也會採用前述的「逃跑要快」策略。

Ricardo的停損點設定

Concurrent這檔股票則是我在2022年7月，以77便士的價格買進，你可以從下圖中清楚觀察到這檔股票在前兩個月之間，兩度在70便士的價位獲得支撐。

因此，基於這個原因和點差的考量，我把停損點設在略低於此支撐位的67便士。

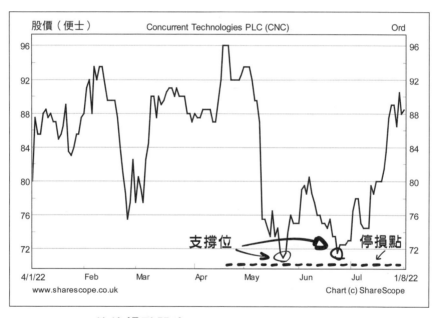

Concurrent 的停損點設定

　　將股票平常的買賣價差（即點差）納入考量，是相當重要的一點。對於小型股，你需要將停損範圍設得更廣一點，才能應付這個問題。

　　至於富時250或富時100的股票——尤其是後者，點差通常非常小，所以你可以把停損範圍縮得更小一點。

　　另一個值得關注的重點，則是要注意該檔股票的除息日是在什麼時候，這點在配息金額很大的時候，尤其要留心。

　　原因在於，在除息日當天，股價通常會下跌相當於該次配息的金額，有時甚至會跌得更多——因為股價會觸擊到某些粗心大意鬼的停損點。

　　請記住：配息將會在稍後的日子裡以現金的方式出現在你的戶頭中，但倘若你的停損點很有可能就落在此一價格下跌的區間內，那麼遊戲都還沒開始，你就出局了。

　　千萬要注意！

　　遺憾的是，倘若一檔股票在一夕之間突然蹦出了「獲利警示」，那麼連停損點也救不了你。你會以比自己停損點還要低的價格，被洗出場外。部分證券商能讓你設定在某些特殊情況下（像是該檔股票一開盤就跌了40％的時候），不要被趕出場的標準。

假如你買進了一檔直直往上衝的股票,亦即在圖表上找不到任何支撐位,那麼請試著將停損點設在低於買進價的10%～15%之間(視你有多想持有這檔股票而定)。無論發生了什麼事,絕對不要在股價跌幅已經超過了25%,還遲遲沒有任何動作。

只有在做點差交易的情況下,你的停損點才會受到百分之百的保障。

一般而言,我會把停損視為是一種保險,避免自己買到燙手山芋,或者是在不對的時機點進場。這個策略能讓我不帶情緒的出場。

假如你發現自己似乎做了一個錯誤的決定,股價也隨即開始下跌,那麼你不需要等到股價觸及停損點後再跑。你可以立即出場,迅速止痛!這種操作比停損更接近人為判斷,適合在交易剛開始、尚在密切關注行情時使用。

總而言之,「停損」替我省了大錢!

近期,我在英國ITV電視網的交易中,由於該公司發布的一份聲明不被市場看好,我以100便士的停損價出場,幾天後這檔股票跌到82便士!

我強烈推薦你使用停損點。我認為,倘若人們在過去幾年

中面對暴跌股時，能善用停損機制，他們絕對能替自己避開數百萬元的損失！在網路論壇中你可以找到大量因為沒有停損，導致自己損失慘重的案例。

　　所以，暫停你手邊的事！先去設停損點吧。

　　現在就去！

　　OK，接下來該討論策略了……

完美運用48個股市贏家策略

💡 策略站得穩，不怕市場作風颱

策略01

跟著新聞時事的線索找到
即將起漲的個股

「留意新聞時事的脈動」一直是我投資策略的一部分。

新冠疫情在2020年爆發時，我想著：有哪些公司會因為「大家被迫留在家裡」而因此受益呢？

在和老婆大人聊天的過程中，我突然靈光乍現——「被困在家裡的人＝無聊的人」。大家必須整天待在家裡，盯著自家看。要不了多久時間，他們就會開始找一些DIY的事來做。

「哪裡可以買到讓我DIY的工具？」我問。

「特力屋，」老婆大人回答。

沒花多久時間，我就查到特力屋跟其他許多DIY及建材品牌，全都隸屬於一間叫翠豐集團（Kingfisher）的公司。而這間公司的股價正在下跌，畢竟基本上，當時幾乎所有公司的股

價都在下跌。

　　我的想法就是趁所有人都忙著採購 DIY 工具的時機，我也趕緊買進翠豐集團的股票。於是，在 2020 年 4 月 28 日該公司的股價為 150 便士時，我擬定了以下的計畫。

交易計畫：翠豐集團

- 買進價：150 便士
- 目標價：200 便士或 250 便士？（且戰且走。這檔股票需要配合新聞密切注意）
- 停損點：130 便士

💡 後來發生什麼事？

　　在我買進不久，翠豐集團的股價開始上漲。而且……完全停不下來。到了同年 7 月，該公司發表聲明，指出自己的業績已經一飛沖天。為什麼？

　　猜猜看，因為大家都忙著在家 DIY。

　　隨著股價起漲，我又陸續加碼買進。到了 9 月，股價已超過 300 便士。我的本金已經翻倍。

　　當一筆交易的獲利已經翻倍時，我傾向至少先回收一點錢。然而，在這個案例中，我把持股全都賣掉了。我的想法是：

這可不是能再翻 1 倍的科技股。該公司只是零售商。此外，大家遲早會重返工作崗位——也許 DIY 熱潮已經走到了頂峰。

　　我在 2020 年 10 月下旬以 304 便士的價位賣出持股，獲利 7,690 英鎊。

　　倘若我繼續持有這檔股票幾個月，或許我就能見到股價在 2021 年衝上 350 便士。事後來看，或許當初多等一等會更好。但是，在這之前，該公司的股價確實已經歷了幾波跌幅。總而言之，我對這筆交易還是相當滿意。

翠豐集團——輕量級 DIY 交易

這堂課我學到了什麼？

- 留意新聞。當重大事件發生時，股價可能會受到影響。
- 「獲利了結」並沒有什麼不對，即便之後股價又漲了一些。你應該要這麼想：我很高興自己能參與到其中一段的漲幅，我不大可能總是能掌握股票的最高點或最低點。
- 你可以從認識的人身上獲得投資靈感。當然，這只是你展開研究的起點而已。

策略 02

和你要投資的公司
員工聊一聊

以「客戶」的身分，和你想要買進股票的公司員工對話，往往能獲得令人吃驚的資訊量。

假如你有使用上市公司的產品或服務，不妨問問看該公司的員工「他們最近有多忙」，和他們聊天，試著了解他們公司最近的情況。

同樣的，你也可以多和該公司的客戶聊聊，「身為客戶的體驗如何？」事實上，你自己的體驗又是如何？（當然，我希望你最好別站在公司店鋪裡大聲地問自己。）

從日常消費經驗中尋找潛力股

近期，由於我需要打針的關係，而被安排到連鎖私人醫院 Spire Healthcare 的其中一間分院，這讓我注意到這間公司。我被推進一個極為舒適的高級隔間，接著，我立刻跟員工聊了起來。「最近實在太忙了，」他們說。「我們必須把所有能動的員工都叫回來，完全沒有喘息的空間。」

結束療程後，我又跟推著我輪椅的人聊了起來。他也同意，「真的忙得不可開交，」他說。「我從來沒有像現在這樣分身乏術過！」

我一回到家，立刻著手研究 Spire Healthcare 的財報。我並沒有發現任何實質的警訊。於是，根據該公司提供的服務需求正大幅增加的情報，我在2020年的聖誕節之前，以137便士的價格，買進了一部分的股票。

交易計畫：Spire Healthcare

- 買進價：137便士
- 目標價：220便士
- 停損點：115便士

💡 後來發生什麼事？

到了 2021 年年初，該公司的股價開始起漲。接著，就有一點走狗屎運了。2021 年 6 月，另一間醫療集團出價，想要收購 Spire Healthcare。於是，它的股價立刻開始飆升。

有鑑於股價已大幅上漲，我在 2021 年 6 月以 251 便士的價格脫手，獲利約 7,000 英鎊。

最後證明，這是明智之舉。因為那樁收購案並沒有成功，該公司的股價下跌了一些（但跌幅也不是太大）。

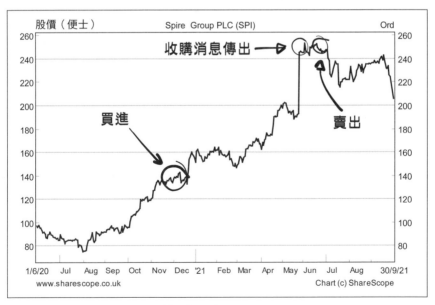

Spire Healthcard——妙手回春

買奢侈品不如買它的股票

同樣的故事，也在Watches of Switzerland（英國的瑞士錶零售商）這間公司重演。

我太太在我們的二十週年結婚紀念日上，決定買一隻勞力士手錶（請跟著我一起吶喊：啊啊啊……）我自己從來都不是手錶的愛好者，我只有四隻便宜的錶，分別設定了不同時區的時間。（歐洲、美國、中東和英國──假如我要去某個地方，我只需要調整時間就好。）

我們一起去了Watches of Switzerland的一間分店。那裡真的讓我大開眼界！

裡面忙翻了。店員甚至是用跑的在工作。為我們服務的那位女士也坦承，過去從來沒有這麼忙過。她說高檔手錶的市場超級火熱。勞力士的價格一飛沖天，而且幾乎所有其他品牌的錶也是如此。

顯然，這些高價手錶不僅能保值，你甚至還可以利用轉賣二手錶來賺一筆。對我來說，這簡直是打開一扇通往新世界的大門。

在付了一筆令人瞠目結舌的錢把太太的錶帶回家後，我迫不及待的開始研究起那間公司的基本面。

從財報上看來，該公司的成長趨勢確實非常明顯，他們甚至還打算進軍美國開設數間新分店。我學到了，即便是在經濟衰退的時期，這些手錶的價格也可能不減反增。

該公司的獲利前景超強，預期獲利會大幅成長。我唯一看到可能會成為不定時炸彈的資訊，就是它高額的淨債務。但它的債務水準仍在我平常的接受範圍內——預期獲利高於淨債務的3倍。

此外，它的固定資產淨值也高於債務——一切看起來都沒有什麼問題。再說了，我猜這間公司無論如何也很難破產，畢竟有那些高價手錶鎮守著。

交易計畫：Watches of Switzerland

- 買進價：950便士（2021年9月）、1,050便士（2021年10月）
- 目標價：1,250便士
- 停損點：買進價減75便士

我分兩批買進，第一批是在2021年9月底，以每股950便士買進；第二批則是在10月中旬，以每股950～1,050便士買進。停損點則設在比買進價低75便士的位置。

💡 後來發生什麼事？

股票大幅上漲，2021年11月，已漲至1,500便士。

我不太確定自己要不要獲利了結，於是我採用追蹤停損，讓我分別以1,344及1,420便士的價位出場，總獲利將近4,000英鎊。

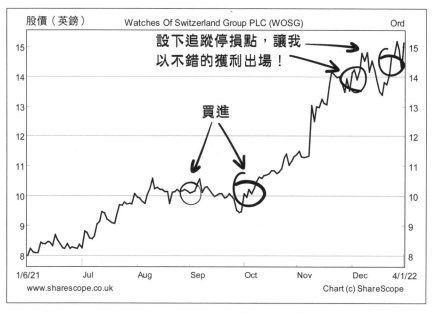

Watches of Switzerland——我還是比較懂這種錶

這堂課我學到了什麼？

- 出門在外請隨時張大眼睛。多跟人聊天。我們永遠都不知道自己會因此獲得哪些能賺錢的情報。
- 多跟公司員工——或公司的顧客聊聊，這只是起手式。下一步就是做研究。永遠都不要因為人家跟你說什麼就買什麼。你必須親眼看到數字。
- 這些策略同樣也能讓你發現一間公司狀況不太妙的時候——這能給你放空它的機會。

策略 03

注意新聞中出現
「超乎預期」的關鍵字

　　若要說有哪個句子是我在看市場研究報告時，一定會注意到的，大概就是當一間公司的表現被用「超乎預期」這個字眼來形容的時候。

　　當然，可能還有其他的詞彙組合，但只要表達的是同樣的意思，那間公司就會立刻吸引我的注意。

　　要說有哪個句子比「超乎預期」更棒的話，那肯定就是「大幅超出預期」。完美！

我之所以重視報告中這樣一句簡單的話，是因為這代表這間公司的進展非常順利，且在可預期的將來，極有可能獲得不錯的成果。

倘若你手中有一檔股票的表現「超乎預期」，那麼你或許就可以把這檔股票放進「長期持有」的類別下。好啦，現在你可以舒服的躺著，什麼都不用做（或許先去泡壺茶吧）。

或者，你可以在得知這檔股票這陣子的表現應該都會不錯的前提下，敲下買進鍵。有極大的機率，你會在接下來的幾份報告中，見到股價上漲。至少，你的錢是押在一間不大可能大幅下跌的公司上。

找出這些「超乎預期」型公司的最佳方法，就是在每天早上七點過後，立刻閱讀當天的市場新聞。假如你早上習慣睡懶覺，那就別預期自己能從這個策略中得到什麼好處。

我自己是使用免費財經網站investegate.co.uk，來閱讀這些資訊。

當你看到這類新聞後，往往會衝動地想要立刻買進，但千萬別忘了，有些股東就喜歡趁著這些利多新聞發布後大賺一筆。在你搶買他們的股票之前，你可以再稍等一下。

負責《哈利波特》出版事務的英國出版商Bloomsbury，在2022年1月26日發表的報告中，稱其表現「大幅超乎市場預期」。到了3月底，這個描述甚至升級為「大幅超出上修的預期」。

在這兩句話出現的時間點，我都敲下買進鍵了，請見右圖。

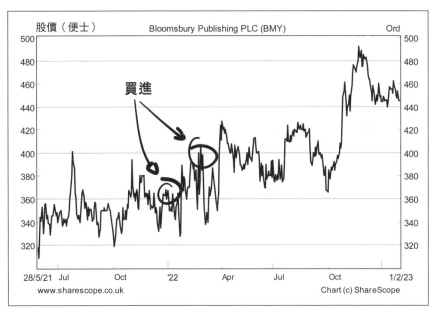

Bloomsbury——書中自有黃金屋

2022年10月，過去我從來沒有聽過的一間線上衛浴經銷商Victorian Plumbing，也發布了「超乎預期」的交易聲明。而我正是因為在10月6日看到這則新聞，才認識了這間公司。

當時我正無所事事的躺在床上，正巧讀到了那篇語氣相當強烈的報導。報導中出現了很多我最愛的字眼，包括「超乎市場的期待」。你猜那指得是什麼？「4,300萬英鎊的淨現金」加分！「獲利與疫情前相比成長了78％」再加分！「而且全都是透過網路，不需要大量且昂貴的連鎖店舖成本……」

　　我連滾帶爬的從床上跳了起來，再15分鐘就要開盤了！
（儘管如此，人生最要緊之事莫過於烤土司跟泡茶，就算在鈔
票面前也不例外，於是我又失去寶貴的10分鐘。）

　　我確認了所有基本面。該公司的股價在幾個月之前，還曾
經突破300便士。但現在的股價只有39便士，而且本益比很
低，僅有8。考量它握有大筆現金，以及或許很快就會發布的
業績好消息。沒有什麼好考慮的了。

　　在我享用完手中那杯約克夏金牌紅茶後，我開始著手，以

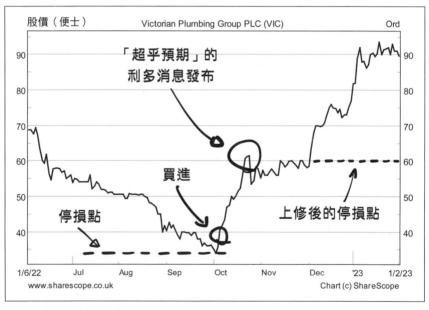

Victorian Plumbing——沐浴在錢錢中

39便士的價格反覆買進這檔股票。我的停損點設在34便士，但目標價還沒有頭緒……我就是想要買進。這可能是我做過最簡單的買進決策之一。它的股價慢慢地爬到了75便士。我留在場上，繼續獲利並將停損點上修到60便士。基於股價可能會出現大幅波動這一點，我現在的計畫是，把停損點設在距離最高價15便士的位置上。

這堂課我學到了什麼？

- 持有表現超乎預期的股票，絕對比持有發布獲利警示的股票來得好。
- 只要一間公司持續出現「超出……」的新聞，那麼在你的投資組合中放進這檔股票就不大可能出錯。
- 有些時候，當報導內容超棒且股價在新聞出來之前並未顯著上漲時，拼手速的時候就到了。其他時候，倘若股價已經大幅上漲，那麼即便出現「超乎預期……」的新聞，也很可能會出現一波獲利了結的人，你或許可以考慮等這些人都走光了再進場。
- 當新的報導內容不如先前那樣樂觀時，出場的時機就來了。
- 此一策略的變化版，就是在強而有利的消息出現時，先買進一小部分，然後等一天或一週後再買進一部分（在其他股東都獲利出場後）。

策略 04

把你累積的工作經驗
應用在股市上

　　多年來，透過跟無數交易者及投資人聊天，我發現了一個超級大盲點——許多人對特定產業都握有非常詳盡且第一手的資訊（可能是基於他們現在或過去的工作，或單純針對金融業本身），但他們卻沒有善用這些資訊，針對這些自己熟悉的產業去進行交易。

　倘若你曾在特定領域的公司底下任職，那麼你就握有無價的資訊。我實在太驚訝有些人居然沒想過運用自己的資訊，來買進或放空這些產業的股票。

以下是幾個真實的案例：

- 我認識一位機師，他對自己任職的航空公司與其他同業瞭若指掌，但他卻沒有買任何一間航空公司的股票。當時他的公司正處於水深火熱之中，他知道情況，且明明可以透過放空大賺一筆。但他卻連想都沒有想過。

- 我曾經和一位電影製片人聊天，他在業界握有無數的人脈，但他卻沒有買賣過任何一檔跟影片設備或廣電公司有關的股票。

- 我曾經和一位擁有大量建築業know-how的人聊過天，但他手中沒有任何與建商有關的股票。他甚至對我說過：「所有人都認為Morgan Sindall（英國建築集團）是業界最強的公司，他們的表現實在太棒了。」問題是，他有買那間公司的股票嗎？「沒有，我從來沒有想過！」他如此回答。在我們聊天的當下，該公司的股價為1,300便士，幾個月之後，股價已漲至2,500便士！

- 我曾和一位出版業的人聊過天。他說：「大家都愛買實體書，Kindle沒有未來了。」然而……他卻沒有想過去買上市出版社的股票。

你在哪個產業工作呢？或者，你是否認識在特定產業及領域工作的人呢？或許，你在一間酒吧工作，你發現店裡的業績正在回升。倘若你工作的地方是如此，那麼或許其他酒吧也是如此——酒店業的上市公司或許就值得你去關注。

等等！難道這不會涉及違法的內線交易嗎？

當然不會！所謂的「內線交易」，是指你握有投資大眾此刻絕對不可能知道的資訊，而且那件事還能大幅改變一間公司的股價。舉例來說，你知道一間公司即將被收購。或者有一個朋友跟你說：「千萬別說出去，我們剛剛得到一筆大訂單……」基於這些消息去買賣該公司的股票，就會構成內線交易，因為此刻的你掌握了特定資訊，而這些資訊一旦被大眾知道，就會立刻影響該公司的股價。

相對的，倘若你手中沒有投資大眾所不知道的資訊，那麼這就不算是內線交易。因此……

- 你對哪個產業比較熟悉？
- 你的朋友對哪個產業比較熟悉？
- 有哪些上市公司的類型，近似於你熟悉的產業？
- 該產業當前的狀態，能否成為你買賣股票的優勢？

有時候就是這麼簡單！

我曾經因為陪太太去做指甲而逛了幾間商場。我坐在Card Factory（英國賀卡與禮品零售商）和Joules（英國服裝公司）的店門外，發現即便是在尖峰時刻，這兩間店裡還是幾乎看不到來購物的顧客。「嗯，」我想著，「這可不太妙……」回到家以後，我研究了這兩間公司，然後放空他們的股票。

我在2022年2月以70便士的價格放空了Joules，並在2022年7月以23便士的價格回補，最終獲利2,300英鎊。

我很擔心這檔股票會下市——如果這件事發生了，而你正

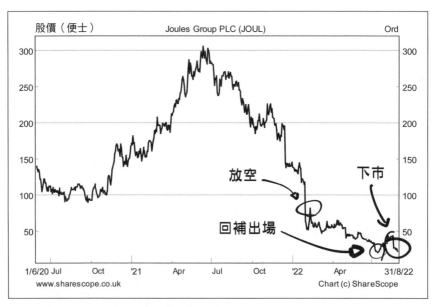

Joules——從珠光寶氣到衣衫襤褸

好放空它，那麼就要花一些時間才能拿回這筆錢（點差交易公司必須確保這間公司真的倒閉）。在我脫手後不久，Joules 就以9便士的價格下市，因此假如我再勇敢一點，或許就能多賺一點。

　　至於另一檔 Card Factory，我也獲得了不錯的回報。我在2022年5月以64便士的價格賣出，並在2022年10月以43便士回補，一如我先前的預期。

　　這個策略的特點之一，在於只要能掌握一部分的公司資訊，就能讓你荷包滿滿地出場。

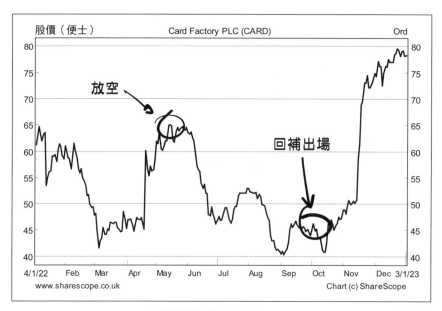

Card Factory──一翻兩瞪眼的交易

這堂課我學到了什麼？

- 或許你還未察覺到自己握有非常寶貴的產業資訊。想想看，你過去的經歷讓你對哪個產業特別了解，你可以運用這些知識去找出表現可能同樣優異（或差勁）的公司。
- 同時也問問你的親友有哪些相關的情報。
- 絕對不要利用那些大眾不可能知道、且會立即影響股價的特定資訊。這會觸犯內線交易的法規。

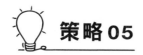

策略05

鎖定熱門產業中
那些可能被併購的公司

2021年，我投資組合中的多家公司都傳出了併購消息。換句話說，其他公司想要買下他們。當然，併購要成功，一般來說收購方必須開一個高於被收購方當前股價的價格。因為這個原因，身為股東的我度過了一段極為歡樂的時光。

即便被收購方最後沒有被買下，但這個過程通常能在短期內，為它的股價帶來正面影響。

我知道你肯定想要一個斬釘截鐵的答案，像是：「這很簡單，你就按下這個篩選鍵，然後登愣！你眼前就會出現所有絕對會被併購的公司。」

既然你已經不是市場菜鳥，你就知道事情沒有那麼簡單。

想找出這類股票，你必須眼觀四面，耳聽八方。而這個時

候，就值得你花點時間瀏覽像是《泰晤士報》或《金融時報》這類嚴謹的商業報刊。你可能會讀到某間公司可能被收購的傳言或新聞。那麼下一步，就是審視同一產業鏈的其他公司，因為當一個產業受到人們關注時，其他併購案通常也會如雨後春筍般冒出來。

　　而下一個該問的問題是：在這個產業中，提供類似產品或服務的公司多嗎？

　　若答案是肯定的，那麼規模較大的公司或許就會想用收購這些公司的方式，快速且輕鬆地擴張事業版圖。

新冠疫情期間的電腦遊戲之亂

　　2020年，我注意到所有電腦遊戲公司的股價全都變高了。《泰晤士報》也注意到了這一點。部分原因就在於居家辦公的人們因為太無聊，玩電腦遊戲的時間開始變長。因此，我對上市遊戲公司進行了比較。

　　你可以按部就班進行這項研究，也可以取巧——打開財經網站Stockopedia，如右圖所示，選好一檔股票，再點選「比較」工具。

　　我研究之後，發現遊戲開發商Codemasters與其他類似的

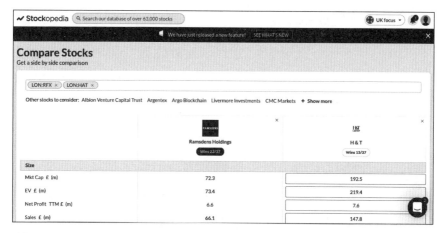

利用 Stockopedia 網站對股票進行比較

公司如 Team 17 和 Frontier Developments 相比，擁有明顯較低的本益比。如你所知，PE，亦即所謂的本益比，只是單純代表要花多久時間，一間公司的獲利才能與股價相等。而本益比較低的公司，則代表與本益比較高的公司相比，它的股價比較便宜（請參閱「策略 32」）。

因此，我在這個產業中鎖定了 Godemasters 這檔股票。

交易計畫：Codemasters

- 買進價：300便士、328便士
- 目標價：400便士、450便士
- 停損點：290便士、270便士

💡 後來發生什麼事？

2020年5月，我以300便士的價格買進，隨著股價繼續上漲，我又陸續加碼更多部位。7月時，我以328便士的價格加碼，並在11月以接近500便士的價格，再次加碼。

2020年12月，針對該公司的併購消息傳出，一場收購戰開打，但此時我出清了所有持股，因為股價已經飆漲到突破併購價。老實說，我不知道後來發生什麼事，因為我已經開心的在聖誕節前，以645便士的價格脫手，獲利近2萬英鎊。

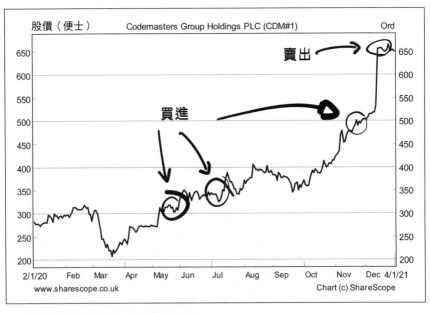

Codemasters──虛擬快樂

這個故事還沒有結束。

在Codemasters公司之後，我又再一次審視了遊戲股，並發現了Sumo，這間看起來與Codemasters性質極為相似的公司。我在2020年12月以309便士的價格買進它的股票，然後持續抱股，期待另一宗併購案出現。幸運的是，2021年8月，Sumo公司收到了併購提案，於是我以490便士的價格賣出，從中獲利1,800英鎊。

耶，遊戲開始！

Sumo——完美像素

這堂課我學到了什麼？

- 留意報章雜誌，找出極有可能出現併購機會的熱門產業。
- 永遠都要對那些屬於同一產業的公司做比較，確保自己買進的是最具吸引力的公司。
- 在熱門產業中，經常能見到數間公司在相對較短的時間內，同時收到併購提案的情形。光是找出一個目標，就能讓你進行數筆交易。

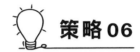

策略06

股票要「買在耳語時」
及「賣在確認時」

近期我經常看到，一檔很不錯的股票在營收公布當天及隨後幾天被大肆拋售。這讓投資人陷入瘋狂！

「為什麼，到底為什麼？」他們怒吼著。

他們最愛的股票一直在上漲，他們樂不可支，甚至向親朋好友們吹噓著自己賺了多少錢。他們的朋友或許會忍不住翻白眼，指出一些該公司未來可能會面臨的經營問題。然而——營收公布的結果卻超級棒！投資人果然是慧眼識英雄，眼光太好了。但此時股價卻開始一落千丈。

怎麼可能？明明是這麼優秀的公司，是誰忍心這樣對它？

「買在耳語時，賣在確認時」這句股市諺語之所以能流傳到今日，不是沒有原因的。

先前股價之所以大幅上漲，是因為大家都預期會有好消息。一旦好消息真的出現了，交易者就會開始起心動念：「很好，一如我們的預期，股價也漲了一段時間，該獲利了結了。」這就是導致股價下跌的原因。

通常，利潤收割者會形成一股動能，股價會持續下跌數日。但這並不僅是你必須學會認清的現實而已。這同時也是一個機會：

- 倘若你手中有一檔不錯的股票，股價持續成長且漲勢強勁，那麼在營收或財報公布前賣掉部分持股，實現一些獲利，將會是不錯的策略。
- 或者你也可以抓住機會，將持股全部賣出，等到股價下跌數天或一週後再把它買回來——等那些利潤收割者出場之後。

我指的是那些在好消息公布之前，股價就已經上漲約20%的股票。這種程度的漲幅，代表該公司一部分的好表現已經反映到股價上。因此，實際的結果必須棒到大幅超過預期，股價才有可能在消息公布當天繼續上漲。

　　有些時候，一個好消息最初會推高股價，但隨後獲利了結的賣壓開始湧現，請等這些賣單消化完後再做買進。

　　倘若你不大確定要不要在消息公布前賣掉一檔好股票，請再花點時間研究一下。在股價大幅上漲後，當前對它的評級是否已經過高了？或許它的股價已經不像你當初買進時那樣划算了？無論是哪一種情況，此時把獲利變現都會是合情合理的決定。

　　來看看一個實例。

　　2022 年 11 月，Argentex（英國的外匯服務商）的股價從 75 便士強勢上漲到 120 便士。市場知道該公司的營收表現肯定很亮眼，因此股價應聲上漲。但是，除非結果「超級亮眼」，否則股價很難再往上攻。

　　因此，在財報發布的 1、2 天前，以 120 便士的價格賣出部分持股，或許就是明智之舉。11 月 8 日，財報發布當天，該公司的股價開始下跌。到了 11 月 10 日、亦即 2 天後，股價又回到了 95 便士——買進或加碼的好時機來了。

　　在接下來的一週，它的股價又再次回升到 100 便士，而且繼續向上攀升。這就是「買在耳語時，賣在事實公布／公布前」的最佳實例，等到利潤收割者出場之後，你可以再把股票買回來，請見下圖。

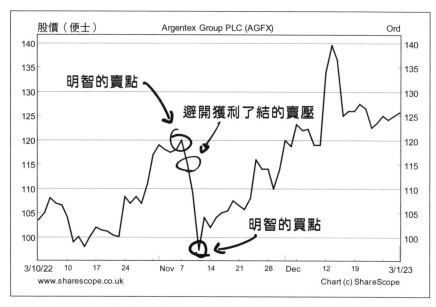

Argentex——跟狐狸（FX／外匯）一樣狡猾

這堂課我學到了什麼？

- 當一檔好股票因利多消息不漲反跌時，不要激動。這並不是隨機事件，也不代表這間公司完蛋了。這就是股市的機制。一切都圍繞著市場預期打轉。
- 倘若你手中有一檔不錯的股票，股價在營收發布前就已飆漲了一大段，此時可以考慮在結果公布的前一天，賣掉部分或全部持股。
- 等到獲利了結的賣壓被市場消化後（幾天或幾週），再把股票買回來。

策略 07

當股票發出危險訊號時
高手會勇敢做空

　　如你所知，做空的意思就是賭一檔股票會下跌。在英國，只要開設「點差帳戶」就能輕易地進行這類操作。但是，關於做空，你必須轉換思維。

　　在正常的交易或投資中，賠錢是有底線的（你最多只會賠掉100％的錢），但贏錢卻沒有上限。

　　理論上，股價可以永無止盡地漲上去，獲利超過1,000％也並非不可能——舉例來說，倘若你在蘋果公司上市的時候就買進它的股票，那麼你的獲利就會逼近70,000％，恭喜你，有錢人！

　　但在做空時，情況卻完全相反。

在做空的時候，賠錢是不會有上限的。因此，請務必要保持理智且遵守交易紀律。

　　倘若我要放空一檔股票，我需要看到哪些條件呢？首先是危險訊號，以及更多的危險訊號。

　　Trainline這家英國鐵路與客運售票網公司，是操作放空的最佳實例。在2020年中旬，它出現了我在尋找放空對象時，最喜歡看到的危險訊號。每當我在新聞中瞥見這間公司的名字，都會發現它又多了一個危險訊號。

　　其中，有三個訊號特別危險且顯著：

1. 與可能的獲利相比，它的市值過高。即便經歷2020年初的暴跌，它的市值仍超過10億英鎊，而同一年的預期獲利卻僅有3,100萬英鎊。但該公司正在虧損，它的淨債務高達1億6,300萬英鎊。

2. 自從該公司的股票在2019年6月上市後，公司的董事和創辦人就像瘋了一樣，拚命拋售持股。最讓我擔憂的就是他們的執行長蓋爾馬丁（Claire Gilmartin），幾乎是連滾帶爬地在賣股票（或許她急著趕火車），而且賣掉

的股份可不少！

3. 該公司在 2019 年首次公開募股後，蓋爾馬丁一抓到機會，立刻賣掉價值 1,500 萬英鎊的股票，隔年又賣了 300 萬英鎊。2021 年年初，她再次賣了 40 萬英鎊。就連大股東 KMR 也在 Trainline 上市後不久，拋售了大量持股，且其他董事們也是如此。

你看懂了吧？這間公司的股價被高估了。而且看起來，該公司內部的人也都明白這一點。金融網站 Stockopedia 總結了這一點，並將這檔股票評為「超爛股」，他們給了該公司一個空前絕後的低分：5 分（滿分為 100）。

Trainline 的股價看起來愈來愈黯淡。種種跡象，讓這檔股票發出了「放空我」的巨大訊號。

交易計畫：Trainline（做空）

- 賣出價：520 便士
- 目標價：450 便士
- 停損點：570 便士

💡 後來發生什麼事？

最初，我在2020年的年中，以520便士左右的價格放空Trainline。從這裡開始，隨著股價不斷下跌，我又繼續加碼賣空，請見下圖。

在下跌的過程中，我也實現了部分獲利，但事後看來這是個錯誤——因為儘管股價曾一度出現飆漲，但整體而言，股價依舊在往下走，因此我大致上仍繼續在放空它。

在我寫下這段話時，我的放空仍未結束。我認為該公司最多只值5億英鎊。

Trainline——脫軌演出

　　總結來說，這間公司值得被送到創投實境節目《龍穴》（Dragons' Denn）上，給彼得·瓊斯好好審視一番[1]（請參閱「策略 28」）。

　　「彼得，你願意給我們這間超級出色的票務公司超過 10 億英鎊的資金嗎？我們目前正在虧損，負債累累，而且老實說，大家越來越少搭火車了。你覺得聽起來如何？」

這堂課我學到了什麼？

- 當你看到一堆危險訊號時，可以考慮做空。
- 儘管發出一堆危險訊號的股票，股價仍有可能反彈，但最終像 Trainline 這樣的股票還是會撞車的（這是雙關梗）。
- 我希望自己能更勇敢，放空更多這間公司的股票。

1　彼得·瓊斯（Peter Jones）是英國明星企業家，亦是實境節目《龍穴》的導師。該節目每一集都會由有不同的創業者與五位擔任固定班底的企業家導師交鋒，爭取彼此的投資機會。

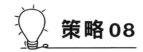

策略08

思考有哪些股票會在特定事件中受益

前文說過，我之所以買進「翠豐集團」的股票，是因為考量在新冠疫情肆虐期間，哪些產業的發展反而會更好（請參閱「策略01」），但是當新冠疫情開始緩和之後，接下來我思考的則是：哪些公司會因為後疫情時代的反彈而受益？

 ## 受到新冠疫情重創的航運股

2022年1月，在暌違兩年之後，我和太太決定出國放風。我們在易捷航空（easyJet，英國最大的航空公司）的網站上訂了幾張機票。我們可不是少數覺得自己就像被困了一輩子、終於能出去喘口氣的人——我們聽到有些朋友甚至老早就安排好

了夏季的國外旅遊。隨著暑假越來越近，相關的預訂肯定會暴增。

這讓我想到旅遊業的股價。一般來說，我是絕對不碰航空公司的，因為我覺得航空公司的價值很難評估。有太多因素需要權衡——油價、飛機的價值和降落時段（landing slot）、債務等等。

因此，在買進這檔股票時，我並沒有很認真地研究基本面，而是單純基於「受到疫情重創的航空公司將迎來復甦」這個原因。

自新冠疫情爆發以來，易捷航空的股價從 1,600 便士一路跌破 600 便士，這合情合理。但我確信，當各國陸續解封之後，航班肯定會在某種程度上恢復至原有的水準。

當然，該公司的股價或許無法一路衝到疫情之前的水準，但或許可以恢復到像是……至少一半的水準？

交易計畫：易捷航空

- 買進價：518 便士
- 目標價：1,100 便士
- 停損點：470 便士

　　我在2021年12月21日，以518便士的價格買進1,000股，看好它很快能上漲個10便士。與此同時，我還決定倘若股價開始漂亮地上攻，或許我可以向上加碼買進。

　　由於這檔股票的波動實在太大，有時一天之內就能上漲或下跌30便士，完全取決於市場情緒，因此我對出場時機下了一番苦工。我把停損點設在470便士，並計畫以這個基準逐步提高提損點。很快的，隨著股價突破600便士，我便將停損點提高到穩賺不賠的起點——520便士。

易捷航空——機長廣播：我們即將起飛

💡 後來發生什麼事？

易捷航空的股價持續攀升，但是到了2022年2月，對航空公司而言或許不太妙的消息開始籠罩股市——俄羅斯入侵烏克蘭。於是我把停損點鎖死在714便士（接近當時的市價），最後在獲利近2,000英鎊的時候出場。

瞄準旅遊旺季來臨前的觀光股

買進航運股的同時，我也決定涉足旅遊市場。我選擇的標的是Jet2.com，這是一間規模相對較大、知名且頗受市場關注的度假行程／票務公司。同樣的，我也認為該公司的價值極難評估，所以我連基本面都沒看（但我注意到該公司握有將近3億英鎊的淨現金——給過）。

交易計畫：Jet2.com

- 買進價：986便士
- 目標價：1,500便士
- 停損點：900便士

　　在我買進易捷航空股票的同一天，我以986便士的價格買進600股的Jet2.com。我期待的是大幅上漲，目標價為1,500便士，同樣的，倘若股價持續上揚，我也會向上加碼。

　　我把停損點設在900便士，隨著股價變化去提高停損點（但我會保持一段安全距離，畢竟這檔股票的波動很大）。

　　針對這兩檔股票，我的策略是相同的──倘若新冠肺炎又出現新的變異種，且有可能會衝擊旅遊市場的話，我就會迅速出場。

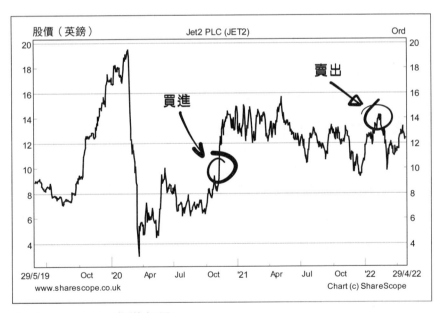

Jet2.com──準備起飛

🔆 後來發生什麼事？

　　與易捷航空一樣，在烏克蘭戰爭爆發之後，Jet2.com的股價也開始下跌，2月中旬觸及了我的停損點1,415便士，於是我帶著近3,000英鎊的獲利出場。

　　我在操作這兩檔旅遊概念股時，有幸與不幸。

　　不幸的是烏克蘭事件導致股價受挫。但幸運的是，我注意到了這點且提高了停損點，因而帶著獲利出場。

　　在那之後，我決定直到戰爭結束、油價回到原有的水準之前，都不再碰這類股票。我已經做好筆記，等到戰爭一結束（希望很快），我會立刻買回易捷航空和Jet2com的股票。

這堂課我學到了什麼？

- 當某些股票受到外在不可控因素被打入谷底，但局勢終於出現轉機時，面對復甦時的反彈，你可以稍微放寬平常嚴格執行的交易原則（但絕對不要放寬檢查該公司是否有可能倒閉的原則）。
- 即便如此，也要利用停損點來保持警覺——你對不利情況的防禦較弱，因此務必謹慎以對。
- 假如你的獲利相當不錯，但股價出現回跌的趨勢，不妨將停損點設得更靠近當前市價。這樣能讓你在股價上漲時繼續獲利，一旦行情反轉向下，也能讓你把獲利留下來。
- 假如你當初買進的條件不在了，直接獲利出場才是上策。

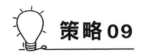

策略09

當所有人都跟風買進時「先看數字再上車」

　　大家都喜歡跟風。而我們也都有「害怕自己錯失良機」的時候。當所有人都在賺錢，只有自己在賠錢，那種滋味確實很苦。即便一檔股票已經沒有獲利空間且估值顯然過於瘋狂，人們只想追趕潮流的慾望，卻是擋也擋不住。

　　這個策略，是本書中少數幾個要你「別做某些事情」來獲利的策略。而我要你不要做的事之一，就是別跳上那輛朝著無底洞疾駛而去的鬼扯特快車。

　　接下來我們就來看看，為什麼只要避開這個行為，就能讓你賺大錢。

　　首先，我們來看近期發生的經典案例。

　　美國的網路券商Robinhood，在新冠疫情期間掀起了一股

熱潮。當時似乎所有人都希望能成為一位住家投資的交易者，而且人們都想要透過 Robinhood 這個平台去買賣股票（至少美國人是如此）。理所當然的，大家也都想買進 Robinhood 這檔股票。

該公司在 2021 年 7 月下旬以每股 38 美元的價格上市，不到一週，股價就飆漲到 70.39 美元。巧得是，這也是它的歷史最高價，請見下圖。

隨後，所有人似乎都清醒了，該公司的股價繼續下滑。

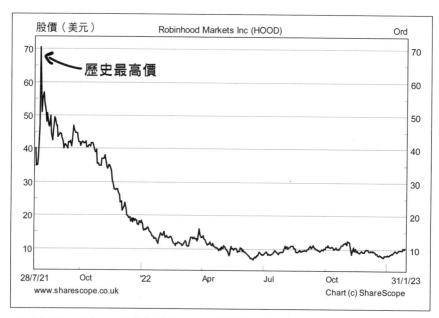

Robinhood——羅賓漢與它不快樂的夥伴們

　　在我寫下這段文字的同時，它的股價為每股10美元。自2022年2月以來，它就一直在這個價位上徘徊。

　　另一個或許更有意思、更值得關注的跟風案例，則是美國電子遊戲零售商GameStop（遊戲驛站）[1]。

　　在網路論壇的號召下，前述的「Robinhood交易者」也爭相買進這檔股票（部分是基於相信GameStop這間公司，部分則是出於好玩的心態，還有一部分則是想懲罰那些大量放空GameStop的避險基金）。

　　2021年1月11日，GameStop的股價收在19.94美元。到了1月27日，卻以近乎瘋狂的347.51美元收盤。2月4日，不到一個禮拜後，它的股價又崩跌到57.50美元。簡直令人不敢置信！

　　這場史詩級軋空大戰轟動一時，部分原因就是當時幾乎全世界的人都被關在家裡，擔心著肯特郡出現的變種病毒[2]（還記得這件事嗎）。

1　意指「遊戲驛站軋空事件」。2021年1月，GameStop由於經營績效不佳，其股票遭到美國避險基金梅爾文資本（Melvin Capital Management）大規模放空。與此同時，網路論壇Reddit上的鄉民，在網紅「咆嘯小貓」（論壇名Roaring Kitty）的號召下，瘋狂買進GameStop的股票，使其股價暴漲近92％，梅爾文資本因此損失約68億美元，該基金隨後於2022年5月關閉，這個事件亦成為散戶扳倒華爾街大鯨魚的傳奇案例。

2　意指在英國肯特郡所發現、可能會席捲全球的新冠病毒的變異株。

　　假如你也跟風跳上了這輛車，那麼除非你有超凡的運氣和
聰明絕頂的操作，否則你最後肯定會摔個四腳朝天。

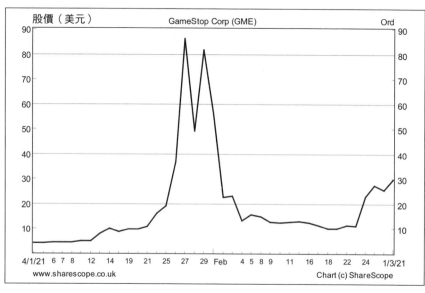

GameStop——跟風之亂

 **遙不可及的幻覺**

　　2020年，Global公司找上我，說服我創立一個名為《Naked
Money》（*赤裸金錢*）的 podcast 節目。這個節目旨在讓我指導
年輕的千禧世代買賣股票的方法。我覺得這個想法挺有意思的。

　　每一集節目，我和年輕學員都會各自提出幾檔股票來討論，然後買進其中一檔股票，將它放到我們的聯合投資組合中，觀察它後續的發展。

　　一套模式很快就出現了。

　　我會挑選一檔我覺得還有合理上漲空間的股票，像是配息穩定、所屬產業持續成長、獲利能力強等等。

　　而我可愛的千禧學員，總會提到美國的科技股。他絕口不提數字，因為他不清楚也根本不在乎數字。其他買美國科技股的股民也不在乎——這些都不重要，反正所有的科技股都在上漲。「科技股？買就對了！」

　　「這樣啊，但那間公司的估值高達800億美元，而且它正在虧損。只有瘋子才會去買它的股票！」我抱怨著說。

　　他會回我，「好吧，但他們推出一款超棒的應用程式，很快就會出現在所有年輕人的手機裡，這絕對會大賺一筆！」

　　我會說，「或許吧，但還沒有得到證實啊，那還只是空談……」

　　每週的情況幾乎都是如此——我與我的無趣股票們，他和他的雄心壯志科技股們。

　　最終，我們買進了一、兩檔他推薦的股票。我覺得自己就像是一個食古不化的過氣老師，而他就像是一位讓我意識到自

已有多固執跟僵化的年輕學生。

　　「Roblox！（美國電玩開發商）」在某集節目中，他說道。「這是我這週的選股。青少年都愛它，Roblox能讓他們免費進行社交並玩遊戲，還能探索3D互動和其他有趣的事。」

　　「聽起來不錯，」我說，「但數字呢？它的市值為700億美元，而且預期可能會出現將近10億美元的虧損。」

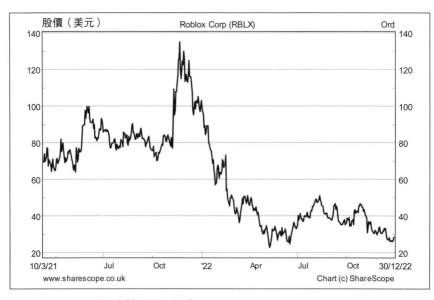

Roblox──真希望它能無趣一點

　　「是啊，但你看看它的股價，正在上漲！」

「坦白說，」我回答，「它看起來就像是一坨機器爛股[3]。」（我猜這段話被節目剪掉了）。

「我的意思是，」我繼續說，「難道這個領域沒有其他公司了嗎？也許它根本賺不了錢，沒有任何跡象證明這間公司值700億美元。」

像這樣的對話持續了好幾週。

「Coinbase！（美國的加密貨幣交易所）」我的千禧學員說道。「大家都用它來買比特幣，你看看它的股價！」

「但假如比特幣泡沫化了呢？」我問道。「假如出了問題，大家都無法使用他們的比特幣呢？」

千禧學員非常想做幾筆跟比特幣有關的交易。我在嘗試了「但預期Coinbase在未來至少兩年內都會虧損」這個論點並發現無效之後，我讓步了。於是我們買進了一些Coinbase的股票，還有一些「機器爛股」。

我說，「好吧，我們買進了，但如果這幾檔股票被套牢，我們就必須快速脫手。」

最終，留在我們投資組合中的，大多數仍是我那些「無趣」

3　原文的「robollox」是對「Roblox」的諧音嘲諷，把「Roblox」與「bollocks」（英式俚語，為「胡說八道」或「爛東西」之意）結合在一起。

的股票，因為千禧學員的股票總是很快就成為賠錢貨，幸好我
的停損機制每次都幫我們及時脫身（謝天謝地）。

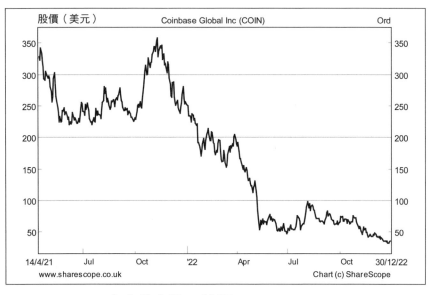

Coinbase──未來的大勢，曾經

這堂課我學到了什麼？

- 不要被市場炒作沖昏頭。倘若某個領域非常熱門，你會為此感興趣也是人之常情，或許你能因此找到投資標的（請參閱「策略 05」）。但炒作遲早會結束，無法成為穩健交易的根基。

- 荒謬的事就是荒謬的事，即便所有人突然都對它有興趣，也不會改變這一點。請培養自己對於這類題材的厭世級懷疑主義。倘若一檔飆股突然登上所有晚間新聞的頻道，千萬不要輕易相信它！

- 永遠都要問：數字怎麼說？

- 一夜致富的故事往往會引發最糟糕的跟風狂潮。少數人因為 GameStop 大賺一筆，這吸引了無數人投入交易。BBC 採訪了幾位只是因為新聞大量曝光就跟風買進這檔股票的英國人，但這就跟你聽到昨晚有人中了樂透頭彩一樣，對你的交易一點幫助也沒有。

- 你可以透過低風險的長線交易，為自己賺進上百萬英鎊的收益（這就是我在做的事）。試圖用超高風險的股票一夜致富是毀掉你帳戶的好方法，而且會讓你一次又一次錯失更多、更多原本可以賺到的錢。

 **策略10**

「別被情緒牽著走」
什麼都不做反而賺更多

　　這是另一個「千萬別做」的策略。只要不被情緒牽著走，你就能穩賺很多錢。老實說，光靠這一點，你就能在股市中無往不利！

　　我猜你可能會想跳過這一章，碎念著說：「噴，又是一些心理學廢話。羅比哪懂什麼心理學？他根本沒有資格談這些。他不過就是從一間不怎麼樣的新聞學院畢業的，而且他的歷史還拿了個E。可憐哪！」

　　你說的都沒錯。但這是我多年來與無數交易者交流之後，從「真實人生」中領悟的真理。

　　對交易者來說，無法控制情緒絕對必死無疑。我聽過太多因為情緒失控而搞砸一切的故事。當然，這並不是他們唯一犯

的錯──但情緒失控往往是最致命的一擊。

他們可能會因為一檔股票的表現不如預期而動怒,於是立刻賣光持股反手做空,結果因為股價反彈而被多空雙巴。

另一種情況,則是懊惱自己太早獲利出場,於是在沒有確認相關數據的情況下以高價買進,想賭賭看股價會不會繼續上漲──然而並沒有。

有些人之所以進場交易,是因為想尋求刺激,而不是因為研究結果告訴他們這麼做是合理的。也有些人是因為無法接受失敗,股價一有風吹草動就急著獲利了結……像這樣的情緒化交易因素不勝枚舉。

在網路論壇上,你會看到大量跟情緒化交易有關的討論。我永遠都忘不了 Unbound 這間公司。(我知道,這個名字聽起來就像是某種 S&M 公司[1],但它過去可是一間私募股權和投資信託公司,直到最近才轉型成……呃,賣鞋子的。)

人們對該公司的股價在 2021 至 2022 年間,從 120 便士一路暴跌到 12 便士而憤怒不已,並努力想揪出那個該負責的人。

---

[1]　Unbound 為「未受到束縛」之意,作者利用這個名字的雙關語,製造一種該公司可能與性虐待(SM)有關的幽默。

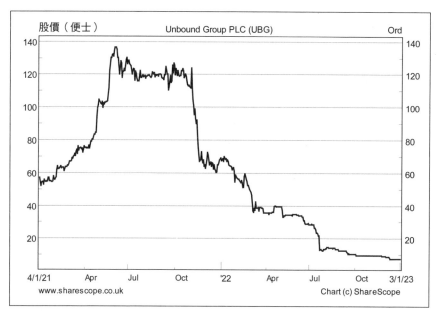

Unbound——被情緒綑綁的交易者

　　他們怒斥該公司的管理一團糟，甚至還發布誤導投資人的訊息，並未對日益惡化的情勢示警，大家氣壞了。但也有一些人認為，此時的股價實在太便宜了，決定攤平再攤平……諸如此類的情緒不斷擴散。

　　真正的問題在於，人們被情緒沖昏頭了。他們看到股價每一天都在往下掉，卻依然坐以待斃。他們沒辦法說服自己賣掉它。更糟的是，股價越低，他們就買得越多。

　　假如他們沒有那麼情緒化，他們或許就能注意到該公司早

就針對困境發出了許多警告。他們也完全能輕易地設下停損點。

通常我很少會瀏覽這些網路論壇，但這次我實在忍不住了。以下是我當時發表的貼文：

- 「今天跟Unbound有關的評論引起我的興趣。但沒有人提出最顯而易見的解決之道：設好停損點。尤其是在行情低迷的情況下。」
- 「在隨便一個價位設的停損點，都能讓你在損失不大的情況下擺脫Unbound。砍掉這些虧損部位吧。嘆口氣、罵幾句、承認這是一檔垃圾股，然後賣掉它。假如你真的想買它，大可等到它跌到更低的價位時再買回來。但是請設好停損，而不是老是向下攤平。」
- 「感覺這之中存在太多確認偏誤，把自己的情緒能量都耗盡了。辣妹合唱團（Spice Girls）不是早就警告過了

「接受損失」是投資股票時最困難的一步，因為這代表你承認自己犯了錯。沒有人喜歡面對失敗。但是唯有這麼做，才能讓你避開更大、更致命，甚至足以毀掉你畢生積蓄的錯誤。

嗎，別浪費你的寶貴時間。[2]」

這麼多年來，我遇過無數苦苦掙扎的交易者。他們之所以無法賺到錢，最主要的原因，就是他們無法砍掉那些賠錢貨。

請記住：股票，不過是一間公司的一小部分。股票不會在乎你，甚至根本不認識你。請用同樣的態度回敬它們。此外，也要注意幾個在交易過程中浮現的情緒跡象。假如你發現自己：

- 反反覆覆地確認某檔股票的價格。
- 緊盯網路論壇，只想看到某檔股票的正面評論。
- 在收盤後或夜深人靜時，還在想著某間公司。
- 因為犯錯而咒罵自己。
- 安慰自己賠的錢遲早會再贏回來。
- 在行情不利時仍堅持自己沒有做錯。
- 考慮寫信咒罵一間公司的CEO。

當這些情緒出現時，你就應該砍掉所有持股、停止瀏覽任

2　辣妹合唱團曾在〈Stop〉這首歌中唱道：「Stop right now, thank you very much！」

何和它有關的文章,讓它從你的電腦螢幕上徹底消失。市場上還有太多能賺錢的股票在等著你。

該死的,快逃啊!

這堂課我學到了什麼?

- 情緒會導致拙劣的交易決策──絕無例外。
- 觀察自己是否有被情緒沖昏頭的跡象。
- 建立停損機制讓自己能心無波瀾地出場。(遵循擬好的交易計畫進場,同樣也能不帶情感地交易。)
- 賣出持股並承認自己犯了錯,確實會讓人很難受。但是不要因此苛責自己。這是一件好事。願意砍掉虧損部位的人,才有可能成為長期的贏家。那些不願意或做不到的人,永遠贏不了。
- 倘若某個交易策略對你來說依然合理(非基於情感因素),那麼你可以等待未來以更低的價格買回持股。但在此之前請先認賠停損,不要總想著要逢低加碼。

策略 11

選股的起手式：
瞄準「滿手現金」的公司

時至今日，「現金」已經不太流行了。有些時候，拿著5英鎊的鈔票甚至無法買到一杯咖啡。店員會不耐煩的說：「不好意思，我們只收信用卡。」

「隨便你！我可以去隔壁那家咖啡店，他們肯收現金——而且咖啡也比你們好喝多了！」

但隨著利率終於從谷底回升，投資一間滿手現金的公司，不失為一個明智的策略。假如你能找到一間手握大筆現金、獲利不斷成長且前景看好的公司，那就更棒了。

那麼，該怎麼找出這樣的公司呢？

我通常會瀏覽那些正在公布財報的公司。我會任意看看，當發現一間現金充裕的公司時，我就知道這檔股票值得進一步

研究。

　　我所謂的「現金」，指得是「淨現金」（net cash）這個數字。

　　幾乎所有的公司都會在年度或半年度的財報中，提供「淨負債」或「淨現金」的數字。

　　雖然我不是會計師，這些數字也不能完全透露一間公司的資訊，但良好的淨現金值絕對是一個正面的指標。

　　Stockopedia和SharePad這類財經平台都會為讀者列出公司的淨現金或淨負債金額（他們會用負號來顯示淨現金；假如數字前端沒有負號，那就是淨負債）。此外，你也可以使用像ADVFN網站的「紅綠燈系統」來觀察（請參閱「基本功01」）。

　　如你所知，我最討厭高額的淨負債——這通常是一檔股票是否適合做空的指標。

　　永遠都要記得確認最新的公司財報，確保你看到的是最新的數據——公司在公布財報後，有時需要幾天的時間才會更新到網站上。而SharePad和ShareScope也會提供公司淨現金額的預估值。

　　只要看到「淨現金」，我的嘴角就會上揚。這代表一間公司不大可能出現什麼重大災難。此外，淨現金充裕的公司，還有可能利用這筆錢進行股票回購、收購其他公司或發放高額股利，這些因素都有利於股價成長。

我並不是要你只看「淨現金」就好。我的意思是，倘若你發現一間公司擁有不錯的淨現金值，那麼這間公司就值得你詳加研究。

我的淨現金選股策略

以下是我的選股實例。

ME Group 是一間生產自動販賣機的公司（前身為 Photo-Me），我在買進這檔股票時，採用了「迎接改變」的策略。如你在 P106 的圖中所見，該公司的「淨現金值」高達 4,320 萬英鎊——與前一次的財報相比，它的淨現金增加了許多。這就是我在尋找的、擁有健康現金儲備的公司。

相反的，假如這個數字是一間公司的「淨債務值」，那麼我就要擔心了。若是淨現金，你就能帶著微笑進一步研究。

另一個例子是，在醫療保健公司 Totally 公布的財報中，你可以看到它的淨現金值為 1,530 萬英鎊，請見 P107 上圖。

我用 SharePad 再次確認，結果發現該網站預測這間公司未來幾年的淨現金在扣除淨債務之後，將會逐步增加。（請記住：數字為負才是好的，代表淨現金。）

有鑒於 Totally 的市值為 8,000 萬英鎊，這筆現金可說非常

可觀。同樣的，Me Group 的市值為 3 億 8,000 萬英鎊，因此 4,320 萬英鎊的淨現金對它來說也是一筆大錢。

　　不過，要小心那些不動產公司或依賴淨資產價值的公司，他們通常會有巨額的負債，但只要這類公司擁有房地產或其他資產的後盾，就不會有太大的問題。

　　Stockopedia 網站也有提供公司「固定資產淨額」的資訊，就放在「淨負債」欄位的附近。這個數字也值得投資人關注，但不要以為該公司真的能以這個金額出售其固定資產！我通常會把這個數字打 5 折看待。

	Reported		
	Six months ended 30 April 2022	Six months ended 30 April 2021	Change
Revenue	GBP115.3m	GBP94.6m	21.9%
EBITDA (excluding associates)(1)	GBP40.2m	GBP28.7m	40.1%
Reported profit before tax	GBP19.9m	GBP12.0m	65.8%
Adjusted profit before tax(2)	GBP16.0m	GBP12.9m	24.0%
Profit after tax	GBP16.4m	GBP9.4m	74.5%
Cash generated from operations	GBP29.8m	GBP22.4m	33.0%
Gross Cash	GBP96.8m	GBP95.3m	1.6%
Net cash	GBP43.2m	GBP16.9m	155.6%
Earnings per share (diluted)	4.35p	2.49p	N/A
Interim dividend per Ordinary share	2.6p	nil	N/A
Special dividend per Ordinary share	6.5p	nil	N/A

(1) EBITDA is Reported profit before tax, less total depreciation and amortisation, less other net gain, finance costs and income.

(2) Adjusted profit before tax for the six months to 30 April 2022 is profit before tax adjusted to exclude profit on sale of property and loss on disposal of subsidiary La Wash

(3) Refer to note 8 for the reconciliation of net cash to cash and cash equivalents as per the financial

○ Support

Me Group 的淨現金

Investor presentation

A reminder that Wendy Lawrence, CEO and Lisa Barter, CFO, will provide a live presentation relating to the preliminary results and outlook for the Company via the Investor Meet Company platform on 13 July 2022 at 10:00 BST. The presentation is open to all existing and potential shareholders. Questions can be submitted pre-event via the Investor Meet Company dashboard up until 9:00am the day before the meeting, or at any time during the live presentation.

Investors can sign up to Investor Meet Company for free and add to meet Totally plc via:

https://www.investormeetcompany.com/totally-plc/register-investor

Investors who already follow Totally plc on the Investor Meet Company platform will automatically be invited.

CHAIRMAN'S STATEMENT

I am pleased to report a further year of record results for the Group.

Revenues were GBP127.4 million (2021: GBP113.7 million) with underlying EBITDA (excluding exceptional items) of GBP6.2 million (2021: GBP5.0 million). Net cash as at 31 March 2022 stood at GBP15.3 million (31 March 2021: GBP14.8 million).

During the year, we continued to help manage increasing demand whilst progressing our buy and build strategy to ensure we are positioned strongly to support the NHS and other healthcare providers over the next five to ten years.

We significantly grew our insourcing capability in response to growing demand, mobilised new services within urgent care, and contributed to strategic projects to improve the delivery of existing service models, such as NHS 111, to ensure that every patient can access the support they need.

We have made great progress against our buy and build strategy with two key acquisitions completed in the year. The addition of Pioneer Health Care and Energy Fitness Professionals to the Group enables us to respond to challenges faced in healthcare at the current time and equips us for a changing healthcare landscape where wellbeing is higher on the agenda and waiting lists are at all-time highs.

Everything we do is made possible by the experience and commitment of our teams, whether they are leading the integration of our new businesses or supporting patients on the front line. During the year, we also progressed our agenda to become an employer of choice and rolled out enhancements to our benefits packages which further recognise the value that each member of the team creates for the business. We thank all of those who work for us, and those we work with, for their continued engagement and commitment

Totally 的淨現金

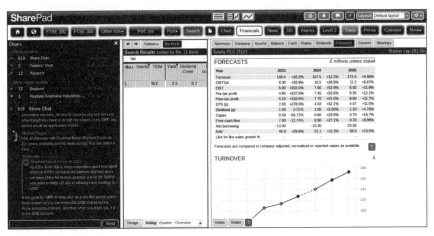

在 SharePad 網站再次確認 Totally 的數據

　　總而言之，這就是為什麼我對那些資產主要是以不動產而非以現金為主的公司，總是難以評估其價值的原因。所以，我通常會避開這個類型的股票。

基本上，仔細觀察那些現金充裕的公司，往往能讓你賺大錢。

這堂課我學到了什麼？

- 大量淨現金是選股時的正面訊號，善用這一點就能進一步找出值得研究的公司。
- 資產負債表上的現金越多，說明一間公司的運作良好。這代表它有可能把錢發給股東（股利），或買回自家股票（進而提高股價），或併購其他公司（擴大規模，提升公司價值）。
- 確認現金量在公司整體價值中所占的比例。倘若現金占公司市值的10%到20%，或甚至更多，這個現金量就很理想。
- 對不動產公司或那些資產難以評估的公司要格外小心。他們可能會有龐大的負債，但那些難以估算的資產也有可能抵消部分債務。

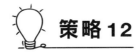

策略 12

抓住股票獲得升級 或降級的時機點來獲利

　　公司雖然是在股市掛牌上市，但股票市場並不是一個單一的個體，而是由許多不同的股票指數組成的。你可以把股市看成是足球聯盟，以英國為例，就是：

- 富時100指數（FTSE 100）＝英格蘭超級聯賽
- 富時250指數（FTSE 250）＝英格蘭冠軍聯賽
- 英國小型股指數（SmallCap）＝英格蘭甲級聯賽
- 雛鳥指數（Fledgling）＝英格蘭乙級聯賽

　　每一檔股票會依照各自的表現，在這些指數間升級或降級。就跟我最愛的足球俱樂部——富勒姆（Fulham）一樣，在

不同的聯賽之間升級或降級。

為什麼這件事很重要呢？

通常，在升級或降級名單確定之前，處於升級邊緣的股票往往會上漲，而可能被降級的股票則會開始下跌（這主要適用於「富時100」和「富時250」的股票）。

因此，買進有可能獲得升級的股票，就是一個不錯的策略（你也可以考慮放空那些可能被降級的股票）。

 ## 找出可能獲得升級或降級的股票

每一季都會有股票被升級或降級，時間點通常是在9月、12月、3月跟6月的中旬。

那麼，該如何鎖定目標呢？

如下圖所示，有一個免費的網站stockchallenge.co.uk，可以幫助你。請點擊頁面上方選單的「富時排名」（FTSE Ranking），你就能看到所有股票在各個指數中的排名清單，從中就能分辨出哪一檔股票很有可能獲得升級，請見右圖。

你還可以在網頁中找到「莎曼莎的預測」（Samantha's predictions），裡頭標註了可能的升級或降級變化。

UK StockChallenge

| « < > » | 2023 | Jan 2023 | Feb 2023 | Hall of Fame | Veterans | Dividend Dates | FTSE Ranking | Contest Schedule | Entry Form | Rules | Contact Us |

FTSE All-Share Index Ranking (unofficial guide)
As at close on Wed, 25 January 2023

Rank	EPIC	Name	Index	Price	Mkt cap (m)*	Key
1	AZN	AstraZeneca	FTSE 100	10,810.00	167,504.0	Index entry candidate
2	SHEL	Shell	FTSE 100	2,332.00	163,897.8	Index exit candidate
	BHP	BHP Group Ltd		2,840.50	143,765.4	FTSE 100
3	HSBA	HSBC Holdings	FTSE 100	598.50	119,510.5	FTSE 250
4	ULVR	Unilever	FTSE 100	4,060.50	102,842.7	FTSE Small Cap
5	BP.	BP	FTSE 100	474.70	85,765.1	FTSE Fledgling
6	DGE	Diageo	FTSE 100	3,675.00	83,486.1	FTSE AIM
7	RIO	Rio Tinto	FTSE 100	6,336.00	79,178.1	Unclassified
8	GLEN	Glencore	FTSE 100	558.50	71,736.3	Samantha's Predictions
9	BATS	British American Tobacco	FTSE 100	3,062.00	68,462.2	ECOR enters the FTSE Small Cap
10	GSK	GSK	FTSE 100	1,403.60	57,466.2	HTG is promoted to the FTSE 250
11	AAL	Anglo American	FTSE 100	3,596.50	48,106.0	LABS enters the FTSE Small Cap
	BNC	Banco Santander SA		273.25	45,700.0	MOON is demoted from the FTSE 250
12	REL	RELX	FTSE 100	2,353.00	45,059.9	PHI is promoted to the FTSE 250
	WDS	Woodside Energy Group Ltd		2,140.00	40,633.3	888 is demoted from the FTSE 250
13	RKT	Reckitt Benckiser Group	FTSE 100	5,664.00	40,538.8	

StockChallenge網站上的股票升級與降級判定

　　你也可以留意每個「聯盟」清單的前幾名。有哪幾間公司最接近升級的位置呢？他們的股票表現大概也會很不錯。

　　買進這些股票的最佳時機，大約落在升級公布前的一個月，因為基金經理人通常會等到股票實際升級之前才會出手買進。舉例來說，針對9月的升級，你可以在8月初採取行動，12月的升級則要在11月上旬買進，3月的升級則是在2月上旬買進，6月的升級則是在5月上旬買進。

　　通常在升級確定的當月月初，官方都會發布聲明，然後數週後才會實際進行調整。

　　在股票獲得升級後不久，就是出場的時機，因為升級的效應通常會逐漸消退。

　　一如以往，在使用這個策略時，你必須做足適當的研究。因為有些股票即便獲得升級，還是擺脫不了本身就是一檔爛股的事實。

這堂課我學到了什麼？

- 每年的9月、12月、3月和6月，都會遇到股票市場的升級與降級調整。只要透過一點點調查，就能輕鬆找出可能獲得升級的對象。再根據進一步的篩選來進行相應的買賣。
- 交易這個類型的股票不能戀戰，因為升級效應通常很短暫。
- 即便是體質不佳的股票有時也會獲得升級，因此選股時要格外小心。

策略 13

中型公司擁有許多
被投資人忽略的百倍股

　　我經常發現一個現象：投資人要麼偏愛大企業，要麼就是獨鍾小型公司。當你瀏覽交易或投資論壇時，往往能找到成千上萬筆關於大型跨國企業或微型公司的討論串。

　　我能理解這兩者的吸引力：大企業的資訊量非常豐富，而且每個人對這些資訊的解讀都有自己的一套看法。此外，由於交易量大，你隨時都可以進行交易。另一方面，儘管小型股和低價股在交易上可能會有點麻煩（市場上的流通股數較少），但其中不乏隱藏著具有百倍股潛力的好公司（當然也不乏最後會歸零的公司）。

　　然而，介於這兩者之間的中型公司，卻經常被投資人忽略，這實在太不公平了！

在我所有的投資策略中，這可說是最有價值的一個。我發現從英國富時250指數中所挑出來的股票，其表現遠比其他指數的成分股都還要強。

如同前一章所述，不同的股票指數就像是不同的足球聯盟。在英國，有富時100指數、富時250指數（排在前100名後的250間公司）、英國小型股指數，最後還有雛鳥指數等。基於它們各自的市場價值——市值越高，所屬的聯盟等級也越高。

以當前的價格來看，市值約45億英鎊的公司，就有機會進入前100大的名單中，而市值約7,300萬英鎊的公司，則有可能擠進250俱樂部。而低於此門檻的公司，則會被分配到小型股或雛鳥指數。

至於英國「AIM另類投資市場」（Alternative Investment Market）[1]的股票，由於監管的法規較為寬鬆，因此自成一格，無法打進上述的聯盟。

對我來說，除了富時250指數以外，其他指數全部都很難搞。富時100指數的股票實在太瘋狂了——在當沖客頻繁的交易之下，價格可以在一天之內劇烈起伏，為了賺取0.25便士的

1　屬於倫敦證交所的第二板交易市場，許多小型、新創公司會在此上市。

利潤，每一個人都在瘋狂廝殺。每一檔股票都已經被分析透徹，幾乎沒有任何尚未被挖掘到的機會。此外，富時 100 指數充斥著巨型企業（多數與大宗商品有關），而我對於評估這類公司的價值並不熟悉，因此我對這類股票敬謝不敏。

但富時 250 指數的情況就不同了，其成分股的特色是：

- 買賣價差較小（多數時候）且流動性高（進行大量買賣也不會有問題）。
- 新聞通常不會有大篇幅的報導且對機構投資者（大型基金、投資公司）的吸引力較低（他們通常都聚集在最大的市場內）。
- 擁有許多優秀但鮮為人知的好公司。

換句話說，只要你做好研究，就能搶占優勢，然後等待市場慢慢跟上你。

在我獲利最驚人的股票之中，許多就是富時 250 指數的股票，它們的表現遠勝於小型股——儘管傳統觀念認為小型股才是能讓投資人一夜暴富的黑馬（只要你押對寶）。但基於流動性的問題，我認為投資大量小型股的風險實在太高——你很難用特定價格進行大量的買進或賣出。相較之下，你可以輕鬆交

易大量的富時250指數成分股。有太多優質公司等著你，只要能抓對時機，賺大錢絕對不是空談。

初次聽聞富時250指數的公司時，你可能會很驚訝。像是勞力士的特約零售商 Watches of Switzerland，或是擁有 Utility Warehouse 品牌的公用事業服務公司 Telecom Plus 等——感謝高流動性的優勢，這些股票都讓我賺得盆滿缽滿。

此外，相較於其他指數，富時250的公司通常更容易被併購，我也為此賺了不少錢[2]。

我的建議是，與其拼命去尋找那種能在玻利維亞的沼澤裡挖到油田的怪奇小公司，還不如嘗試研究中型指數中的公司，因為這裡有許多被其他人忽略的瑰寶，你可以用更低的風險，獲得遠超過那些誘人油田的回報。

這堂課我學到了什麼？

- 富時250指數（或其他「第二名」的指數）是尋找潛在獲利股的最佳狩獵地。
- 富時250股票的流動性遠高於小型股，做大量交易不是問題。
- 注意特定產業的併購動向，將該領域的公司納入買進考量。

2　類似的併購案例不勝枚舉，像是 Clinigen、Ultra Electronics、Vectura、Entertainment One、SafeCharge、Codemasters、Clipper 和 Sumo 等公司。

策略 14

用你的最佳持股陣容
贏得比賽

建立一個投資組合，就像是組織一支足球隊。你需要後衛、中場和前鋒。

- **守門員／後衛**：在投資組合中，這代表那些實力最堅強的公司（通常能發放不錯的股利）。這些公司或許有些無趣，但這不並重要。畢竟沒有人喜歡不按牌理出牌的後衛。

- **中場**：這些是穩健，但反應更快的股票，它們能迅速進行衝刺和出擊。換句話說，就是優秀的成長型公司。相較於大型的「後衛股」，這類公司的規模或許會略小一些。

- **前鋒**：這類股票的變化迅速，有極大的空間可以快速爬升。你可以藉由短時間的股價波動區間、空頭時的操作，以及瞬間爆發的成長趨勢中找到這類股票。但是當它們一旦失去衝勁後，就有必要立即汰弱留強。

 ## 我的夢幻球隊

以下是我寫書之際的部分持股，以及他們在此思維脈絡下、相對應的位置。當然，在你讀到這一段時，有些選手可能早就被我換掉了。

守門員

⊙公用事業及電信公司 Telecom Plus：這是一間大型企業，近期更因為敵對的能源公司破產，讓它有機會觸及更多新客戶而持續成長。

後衛

⊙提供能源系統安裝服務的 Sureserve：該公司提供的服務永遠都不乏需求者，如同球隊中的後衛。它擁有大量一成不變的收入和可觀的利潤——還有不錯的股利，令

人心滿意足到很無趣。

⚽ **資訊科技公司 Computacenter**：這是新加入球隊的後衛，它剛從一個更大的俱樂部轉過來。它擁有穩健、緩慢成長的利潤和可觀的股息。後防線堅若磐石。

⚽ **國防企業 BAE Systems**：它是絕佳的防守球員！不但握有大量的長期合約，而且屬於一個國家持續投入越來越多預算的產業），這讓它成為我投資組合後防線的最佳選擇。

⚽ **《哈利波特》的出版商 Bloomsbury**：這是一名具有進攻屬性的防守球員。它可以在側翼上跑位。在淡季的時候還能打打魁地奇[1]。

🏆 **中場**

　⚽ **製藥公司 Indivior**：這間公司專門幫助人們戒除類鴉

1　魁地奇是小說《哈利波特》中一種騎乘飛天掃帚所進行的空中球賽，這裡暗示這檔股票在股市行情低迷時可能會帶來一些意外的驚喜。

片，它即將在美國上市，且很可能會因此進球得分。是一名跑速快的攻擊型中場球員。

⊙ **提供醫療保健和緊急醫療服務的公司 Totally**：這間公司永遠不愁沒有生意可做，未來還有可能會被其他更大的公司收購。這讓它成為最佳的中場球員，兼具防守與攻擊能力。

⊙ **英國建商 Redrow**：每個人都需要一個落腳處，這讓它在經濟不景氣時可以專注防守，景氣好時則可以轉守為攻。是一名技術精湛的混合型防守中場。

🔆 前鋒

⊙ **英國豪華車製造商 Aston Martin（用於做空）**：儘管它獲得來自沙烏地阿拉伯的大量資金挹注，但債務問題卻不斷加劇，這讓它成為我放空的目標。只要股價持續下跌，我的投資組合就能因此獲利。是一名絕佳的邊鋒。

⊙ **自動販賣機製造商 ME Group**：從拍證件照到自助洗衣店都能找到它製造的機器。我剛從替補名單中把這間公

司拉上來，隨著它的兩大主要業務迅速成長，它的價值也跟著水漲船高。是一名最棒的前鋒。

⊙**國防與鍛造公司 MS International**：這間公司剛剛拿到一筆槍械大訂單。倘若能持續發展，可能會有不少「進球」的機會。

替補球員

你應該準備幾位隨時能替補上場的球員，以備不時之需。它們可以是潛在的交易機會、觀察名單中的公司、準備放空或買進的股票，或者是那些你在等待適合時機出手的標的。

犯規

倘若某位球員拿到一張黃牌（例如接近停損點），你就該考慮把它換下場。若累積兩張黃牌或直接拿到一張紅牌（獲利警示）[2]，那就絕對要讓它提前下場。

2　意指公司發布的警訊，通常是為了通知股東和投資人，預期未來一段時間的業績可能會低於市場預期或過去的數字。

經理

沒錯，就是你。倘若你沒辦法組織好一支球隊，那麼你可能需要退休或乾脆砍掉重練。

裁判

當然，「市場」就是所謂的裁判。但是我們都心知肚明，裁判有時根本不知道自己在做什麼。

我的球隊簡報

Telecom Plus（守門員）

Sureserve   Computacenter   Bloomsbury   BAE Systems

Redrow   Totally   Indivior

Aston Martin（做空）   MS International

ME Group

這堂課我學到了什麼？

- 打造一支攻守均衡的隊伍，將風險較高的股票作為進攻利器，並將擁有穩定股利的股票作為防守核心。
- 請務必從具備不同特質的股票中進行廣泛選擇，以確保投資組合的多樣性！
- 你當然希望球隊能拿下超級多分——但防守也同等重要，在防禦上不丟分（虧損）絕對是最基本的。

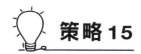

策略 15

當交易受挫時
學會改變你的思維模式

　　這個策略聽起來或許有點莫名其妙——你到底在說什麼？

　　多年來，在接觸了無數的投資人和交易者後，我領悟到一件事：當一個人使用了某套市場策略一陣子後，你就很難去改變他的操作模式。

　　這讓我聯想到「地獄廚神」戈登（Gordon Ramsay）的實境節目《廚房噩夢》。

　　你知道那個節目的套路。戈登會去拜訪一間很爛的餐廳。餐廳老闆的狀態通常都很糟糕。於是戈登插手，在罵了一堆髒話後，他試著讓對方做出改變。打掃廚房環境、調整菜單、簡化流程、提升經營效率、讓餐廳變得更美觀……反正就是那些「該X的東西」。

　　其中，總會穿插一齣鬧劇，像是餐廳主人不想要改變，或是搞砸了眼前的大好機會。但是到了節目尾聲時，總會出現一個轉折：餐廳老闆看見了一線生機。

　　「我會改變自己的作法，」當顧客在鏡頭外因為食物中毒而癱倒在地時，餐廳老闆信誓旦旦地說道。

　　在對方終於聽進自己的建議之後，戈登會給予他們一些溫暖的鼓勵。「現在一切看起來都好多了。你唯一要做的，就是該 X 的堅持到底。」

　　但是你猜猜看，後來會發生什麼事？或早或晚，大部分的餐廳老闆通常會故態復萌，該 X 的又走回之前的老路。於是餐廳生意又再次崩盤。

　　這應驗了一句老話：「江山易改，本性該 X 的難移。」

　　假如你在交易之餘還有閒情逸致（假如你用的是本書的策略，那麼你肯定有時間），不妨上網看看那些戈登多年來試圖挽救的餐廳。

　　那簡直是一場災難！

　　多數餐廳都關門大吉了，而他們的墓誌銘就是滿滿的負評。這些餐廳的老闆就是改變不了自己。他們知道戈登的方法是對的，他們有機會能挽救自己的餐廳。但他們就是無法堅持下去。

同樣的情況也經常出現在股市上，我時不時就會注意到這些現象。我的研討會上總有一些人，他們不是菜鳥，他們已經交易了好一陣子，也已經建立了一套自己的策略。但他們的表現不如自己的預期。他們花一整天的時間跟我相處，告訴我：他們很喜歡我的方法，打算改變自己的策略，採納我的某些建議⋯⋯

然而幾年之後，我收到了一封email，上頭寫道：「我想再參加一場投資新手研討會⋯⋯我現在的情況比之前更糟了。」每次只要有人告訴我，他們開始做當沖、開始玩外匯、比特幣或其他可疑的金融商品時，你幾乎可以肯定他們會賠掉自己大部分的錢——這些與我對他們大聲疾呼的「交易常識」完全是背道而馳。我花了大把時間警告他們別碰那些東西！

戈登給那些餐廳老闆的忠告，其實就跟我想對陷入瓶頸的交易者所說的話並無二致：

- 把你亂七八糟的投資組合整理乾淨（就像是把噁心的廚房打掃乾淨）。
- 簡化你的交易，不要陷入那些複雜的技術分析或圖表型態之中（簡化菜單上的品項）。

　　當然，我不會對著再次陷入瓶頸的交易者咒罵，我會問他們究竟發生了什麼事。通常，他們會告訴我「我就是無法控制自己」。他們知道自己這麼做是在玩火自焚，但就是改不掉自己的習慣。我認為，解決之道就在於先「改變你的思維模式」。

 ## 找出你的思維模式

　　假如你的思維模式是，「我要在10分鐘內從市場裡撈個100萬」，那麼要把這種心態轉換為更實際的交易／投資觀念確實很難，儘管後者才是唯一能讓我們最終賺到100萬（甚至更多）的股票交易方法。

　　假如你的思維模式是，「交易基本上就是一場賭博」，那麼你會發現自己就是無法對那些莫名其妙的高風險股票說不，或是對那些所謂的內線消息、網路論壇張貼的名牌無法抗拒。沒有錯，市場確實充滿了不確定性，也經常表現得很瘋狂。但市場確實存在著可靠且合乎邏輯的獲利方法。

　　而這些方法需要的是紀律與耐心。沒有所謂的捷徑。隨機風險就像是在菜單上加上「今日驚喜」這道菜，然後期待它能挑起百分之百的刺激感，吸引成千上萬名賭徒光顧你的餐廳。

　　以下，是一位年輕交易者試圖做出改變的過程：

- 「我之所以參加你的研討會，是因為我想學會如何理性交易。在此之前，我一直在做外匯及加密貨幣的當沖交易。我發現自己多數時間都在賠錢，但偶爾贏到大錢的機率卻讓我無法自拔。」

- 「在參加研討會之後，我有收斂一點，投入比交易更多的錢在投資上，也因此賺到一些錢，但我的大腦不斷地告訴我，『這點錢根本不夠，你可以賺得更快。』於是我又走回老路，開始做當沖。我還試著交易道瓊指數，這也是你警告別去碰的東西。」

- 「我在道瓊跟外匯交易中遭受一、兩次重大損失。我告訴自己必須收手，但要停下來實在太難了。如果有機會，我希望能再參加你的研討會。我已經關掉那些瘋狂的交易帳戶，未來我只會使用我的 ISA 個人儲蓄帳戶。」

這段話顯示要改變自己的行為有多麼困難。不過，我很高興地告訴你，這傢伙真的來參加我的研討會了，而在那之後的三個月，他從未再打開那些根本是用來賭博的帳戶。相對的，他現在的目標是讓自己的年獲利保持在穩定的 20％。也就是說，他成功調整了自己的思維模式。

這凸顯了「改變」確實可行，只是不容易做到。

假如你還沒準備好要解決這些問題，那麼或許你該認真思考「交易到底適不適合我」。倘若你是拿全家人的錢在賭博，那麼或許你有賭癮問題。有些人確實是如此，這沒有什麼好丟臉的。但你必須立刻戒掉它。你絕對不想成為那種惡習難改的餐廳，最後只能端出難吃的微波食品，直到評價掉到0.5顆星（滿分5顆星），甚至讓破產管理者衝進來封店。

假如這樣的結局看似無法避免，那麼你最好現在就把餐廳關了並改行吧！

假如你因為糟糕的交易、過度交易或犯了其他錯而賠錢，那麼你就需要建立一套更好的思維模式。首先，請評估自己的基本假設。是哪些動機讓你犯錯？你希望從交易中獲得什麼？只要修正這些觀念，就能大大改善你的交易。

成功 VS 失敗的思維模式

以下的範例，是某些能讓戈登氣到滿臉通紅的交易思維模式，以及你可以用來替換錯誤觀點的理想思維模式：

壞思維 ☒

- ☒ 我在這方面永遠都做不好。
- ☒ 不配在交易中取得成功。
- ☒ 我必須快一點賺到錢。
- ☒ 失敗才是終點。
- ☒ 我總是做錯，這注定了我的命運。
- ☒ 只需要幾次快速的高風險交易，就能改變我的人生。
- ☒ 人生太無趣了，交易能帶給我許多刺激。

好思維 ☑

- ☑ 只要有紀律並運用常識，人人都能透過交易取得成功。
- ☑ 市場沒欠我任何東西，但我可以透過自己的方法讓機率站在我這一邊，並隨著時間累積獲利。
- ☑ 真正成功的交易，需要耐心與時間，而這兩者我都有。
- ☑ 失敗是一種反饋。
- ☑ 犯錯是無法避免的──市場本來就無法預測──但我可以把損失降到最低。
- ☑ 沒有風險就沒有回報，但風險可以且應該被謹慎控管，因為這是維持長期獲利的唯一辦法。
- ☑ 交易的內容越無聊，代表我的根基越穩固。我可以從其他地方尋求刺激。

建立成功交易思維的 5 大策略

我太太伊莉莎白多年來一直負責指導投資人與交易者，她非常擅長幫助那些覺得自己陷入瓶頸的對象。所以，我覺得我應該要向她請教一些建議。當然，為了確保我開口時她正處於心情愉悅的狀態，我得迅速地把垃圾拿出去丟，並早一步把髒碗盤完美地放進洗碗機裡⋯⋯

於是，以下就是伊莉莎白對於建立成功交易思維模式的 5 大策略：

1. **對自己百分之百地誠實**：人的本性往往使我們忽視自己不喜歡的部分，並假裝那些不愉快的事情從來沒有發生過。然而，如果我們假裝「損失根本不存在」，我們就無法記取教訓。每一次的損失都有其值得學習之處。

2. **掌握自己的強項與弱項**：你的交易方式會反映自己獨一無二的特質。只要你能了解這些特質，你就能避免被它們牽著鼻子走，並且更能保持客觀。

3. **重設自己的「預設模式」**：假如你很容易衝動，那麼你很可能會過度交易並從中犯錯；相反的，假如你是完美主義者且很容易「過度分析」，那麼你很有可能會因為

猶豫不決而錯失良機。

4. **警惕「興奮感」**：你為什麼要交易？當然是為了賺錢！不要利用交易來填補生命中的空虛。如果你渴望刺激，你應該去嘗試高空彈跳。

5. **賠錢時別往心底裡去**：當你在交易中賠錢時，請放手讓它去，同時留意腦中那些試圖讓你自責的負面話語。

我還以一個交易受挫且打算放棄的人為例，請教伊莉莎白該怎麼做。結果她告訴我一個很有意思的故事（為保護當事人隱私，部分細節經過修改）：

賈瑞德是一位自負的聰明人，他樂於花數小時的時間，為每一間他想投資的公司設計詳細的試算表。在我認識他的時候，他正面臨低潮，因為他的努力並沒有得到太大的回報。他正考慮徹底放棄交易，但在投降之前，他決定先來上我的課。

在課堂上，賈瑞德向我展示了他那了不起的學術成就。他以優異的成績從劍橋大學畢業，並在一間知名企業擔任管理職多年，直到他決定要提早退休。

在賈瑞德的人生中，他深信「只要辛勤工作，就能收

穫成果」。然而，這個信念似乎不適用在交易上。試算表讓他獲得了一絲掌握感，但他卻很少回顧那些整潔的數據欄。他有很多想做的事，而不僅是鑽研那些表格。於是我問他：「你認為是什麼阻礙了你去做自己真正想做的事？」

「我每天都必須非常努力的工作，」他說。

「誰說的？」我問。

「我父親，」賈瑞德這樣回答。

賈瑞德的父親幾年前過世了，但父親從小就灌輸給他的觀念，卻依舊在他腦中徘徊不去。

賈瑞德背負著所謂的「限制性信念」。他堅信，唯有持續的努力才能獲得成功，因此他將寶貴的時間全都花在「鑽研」交易上，但卻沒有獲得什麼回報。

在賈瑞德意識到這樣的信念，是如何阻礙他成為一名優秀的交易者之後，他徹底改變了自己的作法。

幾個月之後，賈瑞德寫了一封信感謝我。他說，這是他第一次能夠徹底享受自己的人生。而且，他的投資組合表現得相當出色，這是因為他在選股時，使用了我所謂「簡單，且符合常識」的策略。

總結來看，以下是我在投資人身上經常見到的大問題：

- 害怕錯過機會
- 過度交易
- 衝動交易
- 過度分析——害怕扣下扳機
- 害怕失敗
- 時間管理
- 害怕成功

假如你希望能讓自己的交易心理更上一層樓，你可以上網預約，跟伊莉莎白好好聊一聊。第一次談話不收錢——預約網址：https://coachingwithelizabeth.co.uk。

這堂課我學到了什麼？

- 假如你陷入困境，請了解「自己需要改變」。
- 或許是你的思維模式在阻礙你前進。或者是你的信念受到誤導，導致你停滯不前。
- 找出阻礙你的錯誤信念，並用更有效務實的信念取代它們。
- 如果你無法自行走出那一步，那麼尋找一位專業交易心理教練來幫助你，是一個明智的選擇。

策略 16

當原本的策略失效時
不要害怕做出改變

假如你已經賠了一陣子的錢，那麼就該改變自己的投資策略了。

或許你的策略在理論上相當完美，但有時會因為某些原因而不管用，或者，你一開始就走錯路了。也或者，你的策略其實並不理想——它可能存有一個你不自知的缺陷（即便有時這個缺陷非常明顯，稍後我們就會談到）。

無論問題是什麼，保持開放心態，並接受改變才是最重要的。你甚至可以考慮暫時離開市場，之後再帶著新的策略重新開始——這也是我認識的某位投資人的選擇，而他的選擇奏效了。

阿維的故事

阿維手上有一筆可觀的交易本金——15萬英鎊（這是他賣掉自己一手創辦的事業後所得），也就是說，他承受得起這筆損失。

他決定把投資當成是自己的全職工作。

我曾對他說，「這筆錢可能還不太夠。」別誤會，15萬英鎊確實是很大的一筆錢。但就算你每年努力的讓這筆錢獲得20％的回報（而且我必須說，對像我這樣的中長線交易者來說，20％已經是相當不錯的成績），我也很懷疑他能用3萬英鎊度過一年。

我猜他自己也是這麼樣想的，因為他決定嘗試頻繁交易——頻繁到幾乎已經算是當沖了（在同一個交易日內買賣所有部位）。而這永遠都是最壞的做法。

阿維忽視了我的種種警告。然後，他開始賠錢。

他每天待在家裡，自從賣掉自己的生意之後，他就無所事事。講白了，他很無聊。所以他做了非常多無聊的交易。

「我是交易員，」他如此想著。「這代表我每天都應該做些交易。」

結果，他每天都賠錢，一筆接著一筆賠。

　　當他跟我聯繫時，我設法說服他停止交易。他也確實把所有持股變現，休息了一段時間。這對他來說非常有幫助！

　　當他重新回到市場時，他採取了更穩健的策略，不再試圖一夜致富。他開始使用長線策略，也就是本書提到的方法。

　　讀到這裡，假如你的交易狀況也不太理想，那麼很有可能是你採取的策略有問題。或許你用力過猛，做了過多的交易，或許還做了一些我在書中叫你絕對不要做的事。

暫時離開市場，停止所有交易，用幾個月的時間去做點別的事情，然後再以更清晰的頭腦和策略捲土重來，這絕對是一件好事。市場永遠都在那裡。機會也會永遠存在。

　　現在，阿維開始賺錢了。雖然還沒達到他所期望的目標，但透過更理性的策略，他開始緩慢而穩定地回收自己過去所賠的錢。

　　如果你也經常賠錢，別擔心，你可以重新開始。休息一下，然後捲土重來。但首先，你要先停止以下幾個不良行為。

斷絕 7 個會害你賠錢的行為

　　或許你不需要完全停止交易，只要捨棄某些部分就可以了。以下是我根據自己的經驗，彙整出最典型的賠錢行為。假如你的交易涉及其中任何一項，請立刻擺脫它。

💡 外匯

　　拜託，不要跳進這個坑！我求你了。你肯定會賠錢。

　　問題在於，對於那些兜售交易系統及課程的人來說，「外匯」就是他們能輕鬆賺錢的關鍵字。外匯市場既龐大、光鮮亮麗，而且是跨國、24 小時無休，更是全球最大的金融市場。你甚至不需要花時間研究那些無趣的老公司，只需要想像某一個國家的經濟前景就好……這就像是金錢的世界盃——至少那些要你掏錢出來的人希望你能這樣想。

　　外匯交易的廣告在網路上無所不在，因為那些下廣告的人知道每分鐘都會有一個傻瓜誕生……而且每 30 秒，就會有一個傻瓜想著「自己可以靠外匯交易來賺錢」。

　　然而，殘酷的現實是，絕大多數交易外匯的人都在賠錢。這個數據顯而易見。

　　老實說，我也能靠著外匯大賺一筆——每天我都會收到一

些電子郵件，有人要付大把鈔票給我，只要我能在我的網站中「刊登某篇文章」，誘導我的讀者使用某個外匯交易服務。他們毫無羞恥心。每當我指出每個嘗試做外匯的人最後都會賠錢時，他們甚至同意我的看法。

但無論我再怎麼抨擊外匯交易，我向你保證，我還是不時會收到不死心的讀者來信，講述他們嘗試做外匯的心酸故事。

統計數字告訴我們：至少有95％的外匯交易者會賠錢。我猜實際的數字應該是99％才對，而你永遠不可能會是那贏錢的1％！

💡 當沖

當沖指的是在一個交易日內完成一筆交易的買賣，透過頻繁進出來賺取一些蠅頭小利。這永遠都行不通。快停下來！

就跟外匯一樣，那些騙子商人也推出了各式各樣的當沖課程。你經常可以看到某位成功人士坐在豪華遊艇上，或站在一輛法拉利旁邊的當沖廣告。但事實上，他們買這些豪奢品的錢，要不是從那些容易上當的傻子身上騙來的，就是他們在那些超跑車主現身前，趕緊拍下來的照片。

不要成為替無良商人買單的冤大頭。生命中還有太多更值得你花錢的美妙事物。

只需要做幾筆中長線交易，你就能一邊在電影院裡享受，或是躺在沙發上耍廢，一邊讓你的錢越滾越大。

💡 比特斃（我是故意這樣寫的）

倘若你是幾年前第一批參與這場龐氏騙局的人，那麼你真的很幸運——前提是你能急流勇退。當你家附近的超市可以用比特幣來消費時，我們再來好好談這個東西。

💡 原油跟黃金

或許你能走運賺到錢。但就我個人的經驗來看，原油與黃金的價格對交易者來說，幾乎是無法預測的。有太多因素能決定它的價格。又有太多因素能「隨時影響它的價格」。

對交易者來說，這就像是賭博。假如你真的走運贏錢了，趕快感謝你的幸運女神，然後把獲利變現、離開這裡。

賭場很樂意兌換現金給你，因為他們知道，貪婪的心遲早會再次把你帶回來這裡。屆時你就會輸掉一切。

賭場最愛的就是那些在大贏之後過度自信的交易者。要想逆轉這一點，就必須懂得在自己贏錢的時候退出賭局。

💡 參加公司會議／面見 CEO

　　我這麼說，可能會讓負責舉辦這些會議的人對我很不滿。真是不好意思。

　　有些人認為，實際見到一間公司的老闆、並詳細「拷問」他之後，再買進它的股票是一個不錯的策略；也有些人重視的是這些會議本身的價值，他們會同時進行其它的調查。儘管後者的做法相對更負責，但我認為這兩種方法都不夠聰明。

　　的確，能夠與最了解公司的人面對面交流，了解他們對自家公司及產業的看法，以及對未來的展望等，這看似是一個很棒的機會。這種公開、坦率對話的感覺，就像是真正的市場研究，能讓你看起來比那些沒有親自走訪市場、與公司面對面的投資人更具優勢。

　　但是，你覺得這些公司的老闆會告訴你什麼事？他們會承認公司有問題嗎？會說他們正在苦苦掙扎、有某些部門岌岌可危嗎？或者有幾個重要客戶的態度轉變了嗎？

　　不，你只會聽到正面的內容。

　　安排這些會議／座談的公司，必須花錢才能跟投資人見面。老實說，成功的公司實在不太需要自掏腰包，只為了跟一些投資人說自己的好話。

　　假如你參加了這類會議，請把它視為是一場社交活動，不

要讓主辦方影響你的投資判斷。

　　這些體悟來自我的切身之痛。在我剛開始交易時，我參加了一個和某公司面對面的聚會，被對方的花言巧語打動，買進了他們的股票──結果那間公司在六個月後破產。那次的經驗一點也不愉快！

> 只有冰冷的數字才是真理。請把焦點放在跟公司有關的數字上。確保數字與你所得到的資訊，兩者相符。永遠不要讓自己被花言巧語沖昏頭。

🔆 複製某人的交易

　　「跟著我這樣買進賣出」的網站，在金融世界中如雨後春筍般不斷冒出來。這些網站瞄準的，就是社會大眾的懶惰心理。「嘿，只要模仿一位優秀的交易大師，你就能輕鬆賺大錢，投資一點都不費力！」

　　問題是：每年我都會遇到無數投資人，但我從來沒有見過有人靠這種方式賺大錢。

　　我必須坦白告訴你，「假如一切看起來都棒得不像是真的，那麼這就不可能是真的。」

　　或者，「假如一切看起來都棒得不像是真的，而且還有人

從中抽佣賺你的錢，那麼這就絕對是假的。」

當然，這些網站能從每一筆交易中獲得好處，所以他們當然能賺錢。至於你說那些使用「跟著我這樣投資」的人有賺到錢……我不相信。

你最好也要小心那些所謂的「老師」——那些要你付錢以獲取他們獨家消息的人。假如他們的投資真的那麼成功，他們幹嘛還要靠著兜售自己的消息來賺錢呢？

相反的，你要複製的應該是「投資的方法」——模仿有效的投資策略，做好妥善的交易計畫。這才是取得長遠成功的最可靠辦法。

> 拒絕「跟著我這樣買進賣出」這個原則，也適用在我身上。請不要複製我在網站上貼出來的交易！因為當它們出現在我網站上的時候，有些交易搞不好早就結束了。

💡 小心酒吧裡的傢伙

當然，酒吧裡的傢伙沒什麼不好。但倘若你在買醉的地方遇到一個跟你分享「最新股票內幕」的傢伙，請回答我，「你隔天該不會真的要買進那些股票吧？」

你不會這麼做吧？

（拜託跟我說你不會……）

同樣的道理也適用在宴會場合上。不好意思，假如打扮得有如貴婦的女主人給你一個放空某檔股票、言之鑿鑿的建議，你該做的絕對不是當場打開手機上的交易軟體，而是提醒她，你只是想請她把香檳遞過來而已。

無論如何，請一定要針對欲投資的公司做進一步的調查。對於那些給你內幕消息的人也一樣。他們或許確實知道些什麼，但也許時機點完全錯了。也或許他們之所以告訴你，只是為了讓自己能順利下車而已。假如你不去做調查，你就無法得知真相。

這堂課我學到了什麼？

- 假如你的投資策略不管用，請改變它們（就算它們在理論上是很棒的策略）。
- 「暫時停止交易」經常很有效。
- 不要掉進一夜致富的陷阱，你這貪心的傢伙。
- 請避免前述會害你賠錢的行為。
- 請思考：用更長的時間賺大錢，而不是在短時間內賠大錢。

策略 17

當黑天鵝事件爆發時
迅速轉換投資策略

什麼是黑天鵝？

在2008／2009年金融危機之後，因為一本同名的金融著作，讓「黑天鵝」一詞掀起討論的熱潮。但時至今日，市場上已經出現了一批沒有經歷過2008年金融危機的年輕交易者（這一點確實讓我很崩潰）。所以，不知道黑天鵝是什麼也沒什麼大不了的。

所謂的黑天鵝，基本上就是指一個超出正常預期的意外事件，而且能帶來巨大的影響。

2008年的古早金融危機，就是一個例子。還有新冠疫情也是。我們討論的是那些幾乎沒有人預料到、足以撼動全球的大事件。而它們對金融市場的影響，更是極為深遠。

這也是投資人／交易者之所以難做的原因——市場前一天還風平浪靜，突然之間，一個超可怕的壞消息從天而降，市場隨之分崩離析。

這個時候你會怎麼做？陷入恐慌？大拋售？堅守長期投資原則？反手做空？

然後再一次陷入恐慌之中？

我如何在新冠疫情崩盤期間交易？

這裡我要告訴你，在新冠疫情發生的時候，我經歷了哪些狀況，而我又採取哪些策略來因應——而且還是賺到錢。

「正確的反應」取決於非常多的因素。最大的問題在於：你在市場中投入了多少錢，而你能承擔的虧損上限是多少？

一開始，我還認為新冠肺炎根本沒有什麼好擔心的——不過就像是另一場流感罷了。當時市場的自滿情緒也讓我堅信這一點。2020年初，當有人開始取消參加我辦在飯店的研討會時，我還覺得很犯蠢。「遜咖！」我想著。「新冠肺炎？根本是無稽之談！」

在我舉辦另一場研討會的前夕（那場活動後來被迫延期，改成線上舉辦），切爾騰納姆（Cheltenham）的賽馬比賽在座

無虛席的狀態下展開了。我仍然認為疫情並不嚴重。我沒有賣出任何股票。我覺得根本不會有什麼大事發生。而且直到此刻，市場的反應也是如此。富時 100 指數略微下跌，但跌幅不大。市場的反應非常輕微。

突然之間──抓緊了！

英國首相鮑里斯出現在電視裡，向全國發表談話，談論著「封城」的措施。什麼？靠，等一下！事情好像真的不太妙……

💡 先解決最重要的事

當類似的黑天鵝事件發生時，你必須迅速決定自己的策略──然後果斷地執行計畫。

還有另一派的想法是「一切都會過去的」，講白一點，就是「我數十年如一日的持有手中這些股票，因此，我打算無視眼前的事件，繼續持有。因為只要你確定自己買進的是優質公司，那麼這個策略就是可行的。」

不過，我不太贊同這種策略。

我的策略通常是：先滅火，再來找起火原因。

我立刻對我投資組合內的所有股票進行刪減──我把獲利及虧損全部變現，根據我對每檔股票的風險評估，以及它們在疫情中可能受到的影響，削減了 30％到 50％的部位。

同時，我也把近期買進的所有股票全部出清。

在發生任何黑天鵝事件的當下，請冷靜審視你所有的持股，然後進行常識性的判斷。

當時我思考的是：當所有人都被迫得待在家裡時，這間公司會受到什麼影響？有沒有反而會因此受益的公司？

在第一步將所有持股縮減30％至50％之後，我騰出了約莫100萬英鎊的現金。另外，我還保留約100萬英鎊的長期投資部位。當然事後來看，再賣掉更多持股或許才是明智之舉——雖然當時我保留的持股多數都有5％的股息殖利率。

我保留最多的股票，是公用事業服務公司Telecom Plus。畢竟無論疫情如何，人們還是得繼續使用瓦斯、電力及手機，而且說不定用量會比以往更大——這樣我就能坐收股利了。

我的下一個念頭，就是做空。我的想法是，利用某些股票與指數下跌的行情來獲利。於是我開始尋找適合的標的。

最後一步，我把焦點放在那些在疫情中可能逆勢上揚的股票。我買進許多遊戲類股，像是老牌遊戲開發商Codemasters，因為我猜大家都會居家打電動，而非居家上班！後來，我又買進「策略04」中提到的翠豐集團（疫情期間，大家會花時間改善居家環境），而這檔股票的價格最終也真的翻倍了。在本書的其他地方，你可以找到這些策略的細節。

我也買進破產清算公司的股票，像是 Begbies Traynor，還有居家飲料公司、博弈及製藥公司——舉凡那些有可能因疫情而受益的公司。

在市場走空時，藉由放空那些可受到疫情嚴重打擊的公司來獲利，這個策略對我來說非常重要。因此，我放空了旅遊類股，例如 easyJet、Trainline 和 Carnival Cruises（郵輪公司）。還有餐飲與零售商，像是 Restaurant Group 和 Superdry 等。

💡 做空大盤指數

其中很重要的一點，就是放空富時指數。而我也非常幸運，因為我甚至沒有空在指數的高點！

當時富時指數約莫是 7,700 點，在我的空單進場之前，它已經跌到了 7,200 點。

我之所以說我很幸運，是因為當時的富時指數幾乎每一天都在下跌，連續跌了好幾週。幾乎每一天，我都會隨著它繼續下跌而加碼放空。我的策略就是利用追蹤停損單，跟指數的價格保持一定的距離。

以下我放了幾張截圖，讓你更清楚我是怎麼操作這個策略的。

Detail	Carnival	(14)	2,263.70	1,444.28	11,471.85
Detail	Pets At Home	(30)	310.05	223.98	2,582.25
Detail	Restaurant Group	(25)	162.81	71.05	2,294.00
Detail	Superdry Plc	(10)	481.38	208.87	2,725.10
Detail	UK100	(240)	6,511.1	5,538.2	233,491.00

我的投資組合（2020年3月）

　　上圖第二欄括號內的數字，是我每一次放空時的單點價格（英鎊）。第三欄是放空的價格。第四欄是我截圖當下的價格。最後一欄則是我當下的獲利（英鎊）。

　　從上圖中可看出，當時我因為放空富時100指數而獲利233,491英鎊。除此之外，我還從幾檔我認為會受到疫情打擊的個股中獲利，這幾檔股票分別是Carnival、Superdry、Restaurant Group和Pets At Home。

　　下面是我另一個放空富時100指數的帳戶截圖，這筆交易的獲利金額約為77,000英鎊。這是我剛開始放空該指數的某個時刻，每點下注的金額顯示為-265（也就是指數每下跌1點，我就能獲利265英鎊；反之若上漲1點，我就會虧損265英鎊）。

▶ FTSE 100	7336.8	-265	7044.4	£ +77,490.80	£ +77,490.80

放空富時100指數的獲利

接下來這張截圖，是我在針對富時 100 指數的數筆放空交易及相應的停損點位：

Market ▲	Reference	Stake	Open	Current	Stop	Limit	P&L Total	Margin
UK100	C28IB391A67U	(30)	6,554.5	6,543.8	6,553.0	-	321.00	981
UK100	C28IB0A1A50U	(25)	6,563.3	6,543.8	6,562.0	-	487.50	817
UK100	C27T6F7DFC3U	(25)	6,790.9	6,543.8	6,795.0	-	6,177.50	817
UK100	C27M65DA1A4U	(20)	6,881.6	6,543.8	6,874.0	-	6,756.00	654
UK100	C27M5B0A172U	(20)	6,888.1	6,543.8	6,873.0	-	6,886.00	654
UK100	C27J2609823U	(10)	6,929.6	6,543.8	6,908.0	-	3,858.00	327
UK100	C25J983E309U	(15)	7,125.3	6,543.8	7,111.0	-	8,722.50	49C
UK100	C25J32CE131U	(10)	7,135.8	6,543.8	7,109.0	-	5,920.00	327
UK100	C25J2BBE0D2U	(10)	7,140.8	6,543.8	7,104.0	-	5,970.00	327
UK100	C25J228E067U	(5)	7,144.8	6,543.8	7,068.0	-	3,005.00	163
UK100	C28IBEC1B0BU	(30)	6,553.0	6,543.8	6,552.0	-	276.00	981

我在新冠疫情期間放空富時100指數

以每點下注金額為 15 的這筆交易為例，我在放空時的指數為 7,125.3，當前價格為 6,543.8，我的停損點設在 7,111.0。你可以發現，在那個時刻，即便我非常想抓住這波跌勢，但我所有的停損點都設在接近不賺不賠的位置上——這是非常棒的點位，因為代表我不可能賠錢！

沒過多久，富時 100 指數果然開始暴跌了，於是我把上圖中的所有停損點，跟著市場走勢一起往下調。

最後，我所設的停損點，大多在 5,500 點，也就是市場開始復甦的時候被觸發，而我也因此獲利出場。

如果指數下跌到6,000點，那麼我空在7,200點的部位仍然
會持續保留，不會被強制平倉。同時，我會把原來設好的停損
點下修到大約6,300點的位置，如此就能獲得不錯的利潤。

我持有的這些空頭部位，其未實現的收益曾一度達到30
萬英鎊！那個時候的富時100指數跌到了谷底，只剩下5,000
點左右。而我的停損機制，最後讓我不帶感情的出場——它確
實且有效。我大約賺了22萬英鎊。我不太確定詳細的數字，
畢竟我不是熱衷製作表格的人，但我希望這些截圖能給你一些
參考。

你也可以透過這些圖表，看到我並沒有在市場的最高或最
低點進出——光是抓到趨勢的一部分，就足夠了。

倘若類似的黑天鵝事件再次發生，我大致上的策略會是依
自己的喜好，去賣空富時指數或道瓊指數，然後把追蹤停損點
設在距離指數300點的位置（以富時指數為例），這樣你就不
會在指數反彈時被洗出市場，並在下跌趨勢持續時繼續保有空
頭部位。

非常重要的一點是：當你開始做空但黑天鵝事件開
始緩和，或市場迅速反彈時，快逃啊！假如你沒有
這麼做，你絕對會想掐死自己。

💡 買進反向追蹤的 ETF

　　另一種不需要透過點差交易來做空，卻依然能從市場波動中獲利的方法，就是在你的 ISA 個人儲蓄帳戶中買進反向追蹤的 ETF。

　　市面上有許多這類型的 ETF 可供選擇。一般來說，我近期主要是利用 3UKS ETF。以英國為例，你可以像買進股票或基金一樣，透過 ISA 個人儲蓄帳戶買進這種 ETF。它的漲幅是富時指數跌幅的 3 倍，反之亦然。例如，如果富時指數下跌 10%，那麼你就能獲得 30% 的收益。

　　當然，這其中還牽涉到時間因素——或許你無法真的獲得完整的 3 倍收益。但就我的經驗來說，成果已相當接近。

　　下面這張 2020 年的截圖，你可以看到我利用 3UKS ETF 讓自己的資金翻倍——甚至更棒，106%。我總共投入了約 13 萬 1,000 英鎊，最終獲得約 27 萬英鎊的收益，可說是不美好時期中的美好回報。

ETFs			£270,160.00	17.28%	£131,023.46			
Wisdomtree Multi Asset Issuer Public Limited Company WISDOMTREE FTSE 100 3X DAILY SHORT 3UKS	11,000	2,456.0000p	£270,160.00	17.28%	£131,023.46	+106.1%	Buy	Sell

買進反向追蹤 ETF 放空富時 100 指數

就像前述點差交易的做空策略一樣，如果情況開始對你不利，行情開始反彈，你就得迅速抽身。投資ETF就像買股票一樣。假設ETF的交易價格是500便士，而你像買股票那樣買進了1,000股，那麼你就必須支付5,000英鎊。

ETF的點差很小，而且不需要支付印花稅。然而，ETF跟點差交易最大的區別在於，ETF只能在市場開盤期間交易，不像點差交易是24小時無休的（週末除外）。

另一檔機制與3UKS相反的ETF是3UKL——若富時指數上漲而你持有這檔ETF，你就能獲得3倍收益。在本書稍後提到的聖誕效應策略中，你就可以善用這個工具（請參閱「策略34」）。

這些ETF有助於減少持有股票時的帳面損失。假設你的ISA個人儲蓄帳戶裡有2萬英鎊，而你已經賺了5,000英鎊，但卻對目前的市場有點擔憂，想要買張「保險」。那麼，你就可以用5,000英鎊去買進3UKS ETF，剩餘的資金則繼續放在股票上。如果市場下跌，你放在3UKS中的錢會翻倍，賺進5,000英鎊。雖然你的股票會虧損，但3UKS的收益可能會彌補這些損失。當市場開始回升之後，你就能結束3UKS的部位獲利出場。

假如你從未有做空的經驗，一開始可能會覺得有些困難。

我建議你先用少量的資金去嘗試，而且要注意停損點不要設得太小，因為指數的波動性很大，即便整體走勢跟你的預期相符，你也有可能會不斷的被洗出市場。當時我的部位非常大，我很難想像自己會再做一次如此大規模的操作，除非黑天鵝又再次揚起了翅膀。

你可能已經注意到了，儘管市場早就知道新冠疫情的存在，但你仍然有充裕的時間來做空。市場對某一事件的反應時間，往往比我們想像得還要緩慢。

我知道上述策略的風險極高，而且可能難以掌握。但是，一旦你設好停損點，將不利於你的風險控制住，你會發現接下來的事就變得相當簡單。事實上，無論你是放空富時指數或個股，只要你的獲利達到一定的程度，讓停損點落進你的獲利範圍內之後，你就可以盡情放輕鬆了！

這堂課我學到了什麼？

- 準備好在面對重大事件時，能果斷的採取行動。
- 碰到超大黑天鵝時，放空或許是獲利的唯一方法。
- 在行情不好時，持有現金一段時間也不會怎麼樣——你不一定要進行交易。

策略 18

當行情不如預期時「逃跑要快」

　　我曾在《在家投資致富術》這本書中談到「逃跑要快」這件事。這個概念就像是：

　　你買進了一檔股票。你仔細研究過了，也佩服自己能找到這麼好的投資標的，然後敲下買進鍵。現在，等獲利進帳只是早晚的問題，你準備向伴侶、夥伴或情人炫耀自己是怎麼賺到這筆錢的。儘管賠錢的機率極低，但你還是設了一個20％的停損點，反正這是用不到的，畢竟你這麼聰明。「什麼？我搞錯了？絕對不可能！」但是，如果股價真的開始下跌了呢？你會繼續抱緊？還是會再重新檢視一次，看看當初買進的決定是否真的做錯了？

　　像這種情況,「逃跑要快」就是一個能讓你避開重大虧損的策略。以下是我自己的例子。

　　2021年12月,我以略低於97便士的價格買進食品製造商Finsbury Food的股票。當時,我剛剛辦完一場針對進階投資者的線上研討會——我們針對當天討論的股票進行投票,而這檔股票獲得最高票。

　　Finsbury這間公司會製作蛋糕、麵包、糕點等各式各樣美味的食物,光是這一點就已讓我垂涎三尺。它的獲利穩定成長,前景樂觀,還配有不錯的股利。當時它的股價正在上漲,預期本益比看起來很低,似乎是一檔有潛力的績優股。

　　也許吧。但我心裡還有一些疑慮:通膨上升和物流方面的問題該怎麼解決呢?不過,有幾位從事類似行業的研討會成員認為,成本上漲的壓力應該可以轉嫁給消費者。於是,我還是買進了一些該公司的股票。

　　我期待這檔股票能從97便士漲到120便士。這就是我的計畫。以防萬一,我還是設了85便士的停損點。

　　果然,股價開始上漲。耶,我就知道!

　　股價一路上漲到突破100便士。我心想,「沒問題,一切都在掌控中!」但是緊接著……在我買進後的5到6週,它開始緩步下跌。委託簿(order book)看起來也不太妙,賣單開

始湧現。

我不斷看到「通膨可能會繼續飆升」的消息，而這會對食品價格造成影響——消費者真的願意付更多錢，換取美味的蛋糕與烘焙食品嗎？

股價跌破了我的買進價。更多關於通膨的壞消息也接踵而至。股市在2022年1月初的短暫反彈後，開始全面下跌。

與其苦撐待變，我決定果斷出場。最終，我以略低於自己買進價的價格出清持股，整體的損失不到100英鎊，請見下圖。

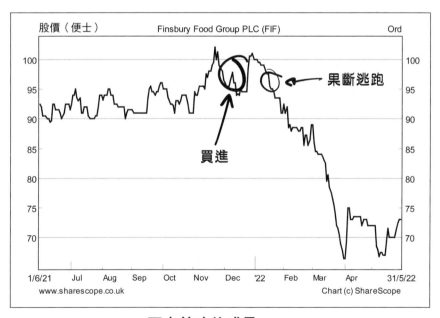

Finsbury Food——不太美味的成果

儘管難，卻不得不做的事

「逃跑要快」這個看似簡單的動作，其實出乎意料的困難。承認自己犯錯需要勇氣，相反的，繼續抱著希望、忽視負面跡象則輕鬆得多。

「為什麼不等停損點被觸發就好？」

線索就藏在問題裡。如果你已經有預感股價會觸及停損點，那麼你就應該知道自己選錯股了。在這種情況下，繼續等待是沒有好處的。就這個例子來說，快速「逃跑」讓我避開了更多損失。

後來，Finsbury 的股價持續一點一滴的下跌，2022 年 4 月，它跌破了 70 便士。

> 假如我什麼都沒做，我就要承擔損失的痛苦（儘管還不到災難程度，感恩讚嘆停損點）。事實上，這筆交易我幾乎沒賠到什麼錢。

什麼時候該使用「逃跑要快」策略呢？

希望上述的例子能讓你有所啟發。當你買進某檔股票，只要股價持續下跌，你就得檢討當初買進的決策，找到那些你忽

略的因素。以本章的例子來看，就是我低估了通膨的影響。此外，當時我也沒預料到烏克蘭會發生可怕的戰爭——隨著原物料價格上漲，Finsbury的股價也進一步下跌。

當然，停損點能確保我及時出場，但相較於「逃跑要快」策略，我會因此損失更多錢。

這堂課我學到了什麼？

- 假如股價每天都在下跌，請想想市場想要告訴你的事。
- 重新檢視持股。如果你有一些疑慮，覺得自己錯過了什麼，或者整個市場都在下跌，而你覺得自己不會想在此刻買進這檔股票，「逃跑要快」就是很實用的策略（即便你已經設好停損點）。

策略 19

當「變局」出現時代表賺錢機會來了

　　人們常說，「改變就是一種很好的休息」。但對交易者來說，改變則是展開行動的好機會。

　　很多時候，你只需要稍微讀一點資料，並運用一些常識思考，你就能發現一間公司的前景正在改變——這或許就是適合交易的時機。

　　也許是經濟正從衰退（或疫情）中復甦，或者是某個事件引發市場對公司產品的需求量爆增，抑或是政治局勢改變了公司前景等等，有太多太多的因素！

　　那麼，該如何找到這些機會呢？

　　有太多方法可用！

　　其中一種方法，就是觀察股價突破（breakout）的股票。

舉例來說，觀察一年內股價突破的清單，能讓你找到股價「突破過去 52 週最高點」的股票，這就是值得你進一步研究的對象，請參閱下圖。

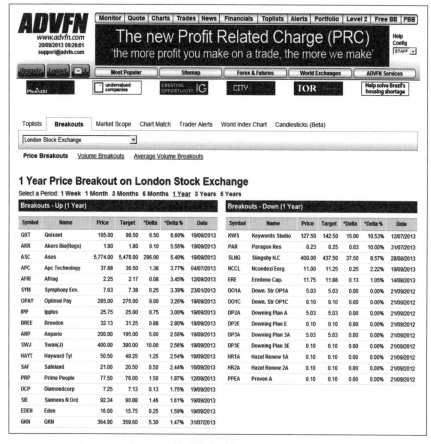

ADVFN 網站篩選出一年內股價突破的清單

　　利用 Stockopedia 網站上「Top MomentumRank」(最強動能排名)的股票篩選工具,也是找出這類股票的一種方法,它能篩選出市場上走勢最強的股票。

　　有些時候,你可能會根據新聞內容,像是以某位公司老闆的訪談紀錄,或是根據報章雜誌針對某個產業的剖析去挑選股票。此外,盤前發布的公司報告也值得留意,某些重要消息很可能隨時會出現。

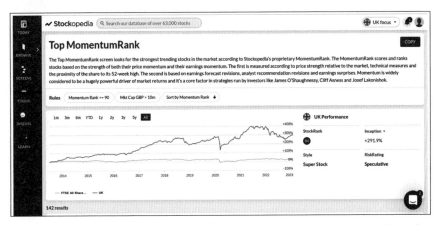

Stockopedia 網站的 Top MomentumRank(最強動能排名)

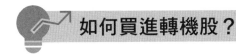

如何買進轉機股?

　　我就是利用這個方法,挑出 Photo-Me 這檔股票(快照亭

公司，後來更名為 ME Group）。我是透過 Stockopedia 網站的動能排名，找出這個目標。

說真的，過去我從來沒有想到這間公司。我一直認為快照亭已經過氣了，因此這間公司不過是一個擁有大量過時機器、且一點都不吸引人的對象罷了。畢竟大家的手機現在都能拍照了。但當我在動能排名中發現這間公司後，我去讀了該公司的交易報告。我發現：等一等，情勢出現改變了！

歷經新冠疫情封城後，大家開始使用快照亭，而且頻率超高！所有人都迫不及待地想要飛出國，對許多人來說，這是將護照丟在一旁好幾年後，終於能再次翻開護照（同時更換新的護照相片）的時刻。

除此之外，這間公司還握有大量的現金（主要來自那些不斷被投進機器裡的硬幣）。而且，他們還拓展了新業務：投幣式洗衣機，包括大量放在超市外面可供人們清洗大件織品（如棉被）的機器。

這絕對足以改變整個情勢。對其既有業務量的需求激增，以及嶄新業務可能帶來的額外獲利與現金。再加上不斷累積的現金和超棒的前景，絕對是你所能找到的潛在最佳標的之一！

但是，假如一切都已經如此明顯──而且這檔股票都已經出現在動能排名上了──我現在才出手，難道不會太遲嗎？

當然不會。好消息是，市場經常要花上漫長的時光，才能針對一間公司的情況重新進行評估，因此即便消息都已經出來了，你再上車也不遲。以下是我針對這筆交易的計畫。

交易計畫：Photo-Me（ME Group）

- 買進價：平均為79便士
- 目標價：100便士
- 停損點：66便士

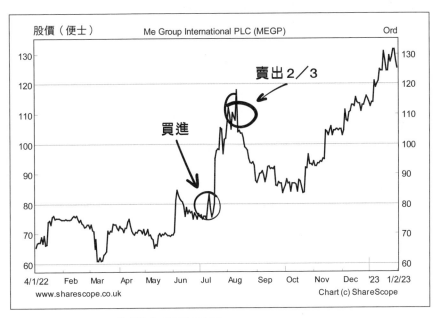

ME Group──非常上相的交易

🔲 後來發生什麼事？

2022年7月，我的最終平均買進價為79便士。在中期的業務報告於7月19日公布以後，出現了一波美妙的漲幅，讓我在2022年的8月以略低於110便士的價格，賣掉了三分之二的持股。在我寫下這段話的同時，剩下的三分之一仍在我手中。

 ## 如何放空危機股？

你當然也可以放空那些「之前全都是好消息，但情況卻開始變糟」的股票。有些時候，美好的童話故事也可能淪為一個恐怖故事，而這也代表賣空一檔股票的好時機終於來了。

你通常可以在專為選股設計的下跌動能頁面中，找到這些公司。當然，你也可以透過每日的市場新聞，找出這類股票。

我利用這種方式所找到的其中一間公司，就是生產通寧飲料的Fever-Tree。這是一個非常成功的故事。他們（超級好喝）的高級飲品，大受市場歡迎。隨著一罐罐不斷湧入酒吧與超市的小小玻璃瓶，該公司的股價也如同氣泡般向上竄升。

在很長的一時間裡，一切看起來都很美好，直到……劇情出現轉折，故事開始變調。光是從新聞上的內容，就讓我發現了該公司使用的所有材料——從玻璃瓶到氣泡，都很花錢。我

看了他們的報告，發現內容出現大量不妙之處。

　　大規模的通膨正在侵蝕他們的利潤。玻璃瓶的運輸遭受財務上的打擊。劇情被徹底改寫，這也製造了賣空的機會。

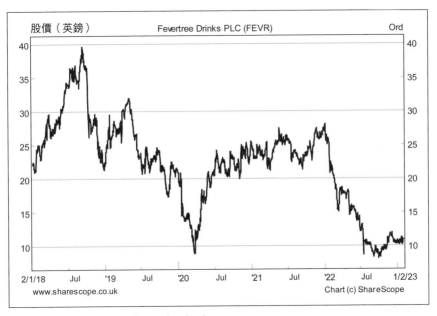

Fever-Tree——漏氣的氣泡水

 當產業改變的時候，機會就來了

　　再舉一個例子（而且這檔股票還是我的舊愛）——公用事業服務公司 Telecom Plus。當一則消息在全英國上下傳開來以

後，這檔股票立刻登上各大上漲趨勢排行榜，因為那個消息徹底改變了它的前景。

具體來說，在2021至2022年間，許多小型能源公司開始破產，因為他們的客戶是以固定費率向其購買電力，但在當時，這個固定費率的價格甚至已經低於了批發電價。於是，大量的客戶只能另外尋找新的能源供應商。

這改變了Telecom Plus的命運。因為他們提供的正是這樣的服務。此外，受惠於與意昂集團（E.ON）[1]簽訂的長期供應協議，更讓Telecom Plus幾乎不可能面臨破產。現在，它開始吸引大量新客戶。

該公司的聲明開始變得無比樂觀——輕鬆獲得新客戶也意味著更大的利益即將進帳。此外，更高的電價與政府大幅重新調整能源價格上限的舉動，更是對它有利無害。

交易計畫：Telecom Plus

- 買進價：1,019便士
- 目標價：1,500便士
- 停損點：900便士

1　歐洲最大的能源供應集團，總部位於德國。

　　對該公司來說，他們的現況出現了預料之外的改變。而你可以輕易地做出買進並持續加碼的決定。

　　短短幾個月之內，Telecom Plus的股價就從11英鎊輕鬆翻倍到22英鎊，請見下圖。在我提筆寫下這段文字的時刻，我仍繼續持有這檔股票！

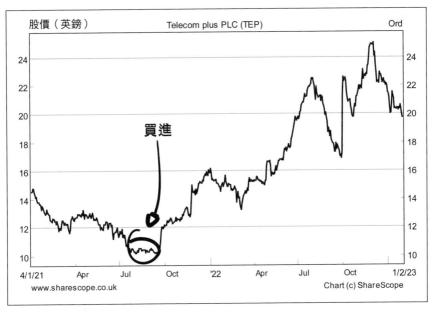

Telecom Plus——電力爆表！

從公開資訊中尋找「改變」的線索

有些時候，你必須像偵探一樣，才能留意到一間公司情勢轉變的線索。

假如一間公司的處境正朝著恐怖故事的方向發展，那麼你能找到的第一個徵兆，就是公司的說明內容漸漸出現各種問號。所有公司都是想盡辦法不要把壞消息說出口。所以你經常只能在各個角落，發現奇怪的痕跡。漸漸地，所有的事情開始變得有點不利。最終，那些「有點不利」演變成了「悲劇」。

假如你發現持股的公司開始出現某些惡化跡象，一旦出現問題，就必須盡快脫手。千萬不要忘記，所有的公司都會在法律許可的範圍內，盡可能地將問題淡化。

當故事生變，風向總是能朝著原有的方向持續一陣子──無論是好或壞的情況。上漲中的股票，通常會繼續上漲。下跌中的股票，通常也會繼續下跌。這樣的情況至少會持續一段時間。這對我們交易者來說，簡直再理想不過。你經常因此可以持續加碼某一部位。但別忘了規劃自己的出場時機。在股市中沒有不散的宴席。

　　身為一名市場偵探，你會想好好閱讀報章雜誌中的商業新聞，像是《泰晤士報》和《星期日泰晤士報》就很不錯。《每日電訊報》也有很棒的付費商業新聞內容。留意公司或某些事物出現改變的特殊故事。

　　此外，閱讀每天早上 7 點發布的最新消息，或許能讓你挖到意想不到的東西。

　　你可以採用我的重點標注法，去瀏覽過往的公司聲明——有沒有任何紅色負面警訊出現呢？或許公司的網站也值得你看一看。有沒有任何負面訊息？有些公司還有部落格，不要漏掉了！

這堂課我學到了什麼？

- 隨時留意事情可能出現變化的線索。
- 仔細檢查公司的最新報告，找出負面徵兆。
- 審視報告中的「預期」——是否有任何看起來不太妙的事情可能發生？

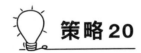

在「歷史支撐位」蹲點狙擊進場機會

策略 20

情況是這樣的：你找到一檔看上去讓人很滿意的股票。你已經做足所有的研究，依然認為它很不錯，看著它就能讓你不自覺露出微笑。但是⋯⋯問題就出在這個「但是」。

不，是兩個。

第一，它買賣價差幅度有點太大了。第二，它目前的股價正接近過去幾次都無法突破的關卡。

這個時候該怎麼辦？

以下是我操作電訊公司Fonix的實例。

2022年的1月初。Fonix的中間價約為160便士。儘管如此，它的買賣價差大約有5到7點。我很喜歡這檔股票的基本面——前文曾提到，它屬於移動通訊領域，這個產業相當不

錯。它的本益比很低，還有將近5％的股息殖利率，淨現金量也相當理想。

　　我喜歡的特點，它幾乎都具備了。我也曾經靠這檔股票賺過一筆；我覺得自己還算了解它。

　　但是！在檢視圖表後，我發現它的股價曾有一、兩次上攻至160至170便士的價位，但卻始終無法突破這個高點，隨後便開始下跌，請見下圖。

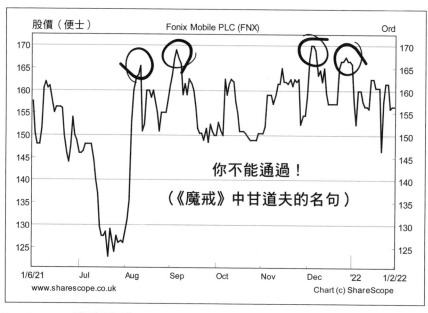

Fonix──蹦蹦跳跳

　　顯然，「市場先生」認為就目前來看，這檔股票就該止步於此。這點讓我非常煩惱——我真的很想買進。但它在這個價格區間已經來回了非常多次，每次都會回撤，所以我知道自己必須再等一等。

　　當然，我也可以立刻買進，然後計畫好假如股價掉到——例如150便士，那麼我就會迅速出場，但這麼做不過只有幾個百分點的差距，還有那惱人的7便士價差，成本實在太高了。

　　於是，我把這個想法記下來，然後在Stockopedia網站上設定提醒通知，當股價下跌到135便士左右它就會通知我。因為根據過去的走勢，每當股價來到135便士附近，買家就會開始進場。

　　隨後，我把這事拋諸腦後，直到三月初，我收到提醒通知了！現在，我可以用130便士的價格買進Fonix。

交易計畫：Fonix

- 買進價：130便士
- 目標價：155便士
- 停損點：122便士

　　在確認該公司的基本面沒有任何問題後，我便著手買進，

並計畫著如果情況不對勁，當股價掉到122便士時我就要迅速
出場。圖表顯示該價位有不錯的支撐力。若跌破這個價位，就
代表有些地方不對勁，我必須盡快停損。

　　幸運的是，股價沒有下跌！

　　它很快回升到155便士的區間，而我就在這個位置出場
了，請見下圖（畢竟我已經摸熟了圖表）。

Fonix──等待會帶來最美味的果實

　　我確實很想繼續持有它，期待它能突破160便士，但歷史

數據不容忽視。我同時還查看了二級市場報價[1]，而 Fonix 的二級市場報價不強：有很多賣家正虎視眈眈著。

整體來看，我決定要獲利了結。

事實上，如果你檢視圖表，你會發現股價當時確實下跌了，接著再次重新回到差不多的水位——然後繼續向上衝，開啟一個全新的價格區間。這樣的發展太有趣了！當然，這根本無從預料，而我的策略也確實達成預期的目標。

我沒有任何遺憾。

這堂課我學到了什麼？

- 假如你看中了一檔股票，但股價似乎即將下跌（也許二級市場報價和整體市場情況也不佳），那麼可以透過圖表找出它過去的支撐價位，設定提醒通知，然後耐心等待進場機會。
- 當然，這檔股票有可能會逆勢上漲，但——那又怎麼樣呢？我們可不想因為害怕錯失機會而讓自己睡不著覺，對吧？

1　雖然這不是交易者最該擔心的事，由於篇幅限制，本書無法深入說明，但簡單來說，二級市場能讓你看到任意時間點的買家和賣家概況。

策略21

跟狂熱群眾對作的
逆向思維煉金術

　　你會驚訝地發現，「群眾總是追逐同一檔股票」。在各大網路論壇上，你經常能看到大家熱烈地在討論同一間公司。但群眾通常會錯估形勢，而這也為我們提供了絕佳的機會——跟群眾對作，逆勢賣空。有些時候，這個策略能帶來豐厚的回報。

　　我實在搞不懂為什麼一檔股票能擄獲所有人的心，又或者我該問：群眾的眼睛為什麼總是瞎的？多數時候，這種情況是源自於一位過度樂觀的分析師或「專家」的推薦。隨著消息擴散開來，所以人都想分一杯羹。群眾陷入狂熱，染上了認知偏誤的病，開始忽視所有不利的消息。然後，機會就出現了。

　　倘若在群眾激情的加持下，你依然能發現那檔股票的紅色警訊，那麼，這或許代表做空的時機到了。

首先，你必須找到一間無論曝光率或討論度都超級高的公司。然後，你必須非常確定，確實有紅色警訊。在你確認過這些事實後，進場的時機就來了。

曾經有人在我舉辦研討會的飯店附近攔住我，熱情地與我分享他們有多麼熱愛一檔股票。於是我立刻在心裡記下：「明天我就要放空這檔股票。」

我曾經因為放空 Rockhopper 這間石油公司而賺進好幾萬英鎊，只因為我在廁所尿尿的時候，站在我旁邊的人迫不及待地想跟我分享這檔股票。

我最近一次與群眾對作的事蹟（以寫書此刻為準），大概就是放空時裝零售商 Boohoo。在 Stockopedia 論壇上，滿滿的都是跟這間公司有關的文章。但這可是一個正派且相當理性的網路論壇呢！我從來沒見過如此大量的正面文章在談論一間公司，而且都是由一、兩位意見領袖所主導的——似乎所有人都陷進去了。但奇怪的是，這檔股票卻跌得很快。我深入研究了一下該公司的資料，結果發現不少的紅色警訊。

Boohoo 曾經是一間成功的線上零售公司，但問題接踵而至。它曾因支付員工低於法定最低薪資的事而遭到調查。還有供應鏈、高退貨率的問題。甚至還有一樁來自美國的訴訟案，

以及社會對「快時尚」負面影響的擔憂。

2021年，該公司的股價從350便士一路跌破100便士。我最初是在300便士的價位開始放空它，接著又在250便士的價位加碼空單。當股價跌破100便士時，我認為先了結部分的獲利，是比較明智的作法，於是在98便士的價位回補部分空單。最後在2022年9月，以32便士的價位出清所有部位。股價如此之低，我猜可能會有其他公司想收購它，而我對自己的獲利已心滿意足，請見下圖。

Boohoo——拋棄式時尚

當然，論壇上狂熱的群眾仍然堅持己見，甚至因該公司的股價暴跌而加碼買進。只有一、兩個人提出了不同的意見，而那些慘賠的人則默不作聲，畢竟，沒有人會想談論自己的悲劇。

還有太多太多熱門股淪為悲劇股的實例。許多與新冠疫情有關的股票，最終都成為投資人的惡夢。生技公司 Avacta 就是一個例子。有個傢伙甚至做了一件「我愛 Avacta」的 T 恤。另一個例子則是以臨床診斷技術聞名的 Novacyt 公司。

總而言之，我其實認為，若能不上任何網路論壇，或許才是最好的策略。不過這並不容易，畢竟人類是群居的動物，我們喜歡跟隨他人的腳步。但如果你想透過網路與他人交流，至少要確保自己不是盲目跟著群眾一頭栽進熱門股的那個人。相反的，請當一位保持警覺、隨時準備做空的聰明人。

這堂課我學到了什麼？

- 找出那些所有人都在買、所有人都討論個不停的股票——越狂熱越好——然後思考做空的可能。但務必要先確認那檔熱門股的缺陷，而且要夠明顯！
- 推特（X）、電子布告欄及各大網路論壇都是找出這類股票的好地方。

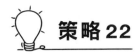

策略 22

小心故事很好聽但根本 沒賺錢的公司

　　想靠股票長期累積獲利，「避開壞股票」絕對是關鍵。假如你能避免買進可能的地雷股，那麼你就能避免虧損（以及這類股票對你的精神打擊）──這絕對好事！我們不可能每一次交易都贏，但令人意外的是，我們卻能經常避開那些可預見的虧損。

　　有很多種方法能讓你避開這類股票。

　　「看得見卻吃不到」的股票，往往擁有最美好的故事──像是某個最新的技術、一種新藥，或任何可以攫取人們關注的創新事物。問題是，這類公司通常還沒有開始獲利，也看不到任何能獲利的跡象。

　　在我所投資的股票中，Xeros 就是這樣一個存在。這是我

的親身經歷！我真的很喜歡它的背景。這間公司開發出新的洗
衣技術，能大幅降低洗衣服所需要的水量，進而大幅降低洗滌
成本。他們還因此拿下飯店的合約。噢！我心裡想著，「哇！
這間公司很有可能成為業界的龍頭。」

　　不幸的是，該公司財務狀況與他們的故事相比，就沒那麼
吸引人了。

　　我早該注意到，這間公司不僅沒有獲利的跡象，而且一直

Xeros——劇情急轉直下的故事

在燒錢，甚至可能因此不斷募資。幸運的是，我設的停損點讓我在大失血前及時脫身，最終這檔股票的價值只剩原有的15％不到，請見左圖。

　　想想看：如果一間公司到目前為止都還沒有賺錢，那麼它所說的展望不就只是一個動聽的故事而已了嗎？你是不是被一間必須不斷募資才能繼續運作的公司吸引住了？

　　有著動聽故事的股票實在太吸引人了，他們經常都是一些才剛剛上市的公司。在我撰寫本文的同時，電動車充電站供應商 Pod Point 或許就是最新的案例。他們的故事實在太吸引我了——為電動車充電。沒錯，這可是一個巨大的成長機會！我手癢到不行。

　　然而，當我檢視該公司上市時的相關資訊時，我發現它完全沒有任何獲利的跡象，相對的，盡是一些語焉不詳的話術。報告中只提到一些像是「我們希望每個人都能擁有 Pod Point 的充電樁……」的敘述——棒呆了！但是我看不到實際的數據。市場競爭呢？利潤空間呢？

　　基於過去那些膨風型股票的經驗，我並未出手買進。我決定保持耐心，再等一等。畢竟，我永遠可以等到公司真正開始賺錢之後再買進。我們就拭目以待吧。

這堂課我學到了什麼？

- 注意那些沒有實質獲利來支撐的美好故事。
- 注意那些營運虧損的公司。
- 如果沒有發現一間公司未來能獲利的跡象，千萬別買它的股票。
- 想想你要投資的公司缺現金嗎？

策略 23

布局投資組合中的
防禦類股

當然，我們都希望投資組合內的每一檔股票，能在一年之內價格翻倍——或者最好是在幾天之內。不，該死的，最好是幾小時！

但是各位，這件事是不可能發生的。真的，不會的。

但是請猜猜看，有哪件事是無時無刻都在發生的——確實每年都會發生，就像發條裝置一樣規律？公司將部分獲利以股利的形式發放到股東手中。有不少公司在這方面，留下了數十年的優良紀錄。有些公司甚至每年都會提高一點點股利。就像一顆從山坡上滾下來的雪球，這些錢越滾越多。

我持有這些公司的股票許多年。每一年，我的投資組合都能因為這些公司而獲得更多一點的利潤，而且還不用承擔什麼

風險。

　　這是一個非常適合與其他策略同時併用的技巧。雖然它的表現可能不會特別亮眼，但卻能為你提供一定的保障。綜觀我所有的交易帳戶，我每年的股息收入加起來大約有12萬英鎊。

　　如果你今年的股票操作績效不佳，那麼你就能感受到5％的股息殖利率能彌補你不少損失。

　　當然，我指得是那些每年能支付你至少5％股息殖利率的超強防禦型股票，也是那些不大可能破產的公司。這些公司的股價或許會隨時間起起伏伏，但波動通常不大（而你可以趁股價波動時加碼買進）。

　　讓我們再一次以Telecom Plus這檔我的昔日的好夥伴為例。

　　這檔股票的防禦性極高，因為它能從那些使用網路、手機、能源、保險等服務的用戶身上，賺取收益。此外，它還握有長期能源供應協議——就算石油價格飆漲，它也不會受到絲毫影響。所有人都需要使用這間公司提供的服務，這也使它具備穩健的防禦性。長期來看，我甚至還因為這檔股票獲得資本利得（賺到股價成長的價差）。

　　但是，讓我們以過去五年的圖表為例，請見右圖。你可以清楚看到，這檔股票的價格經常在1,000到1,500便士之間徘徊，只有在市場情緒高漲的時刻，偶爾才會衝高到1,600便士。

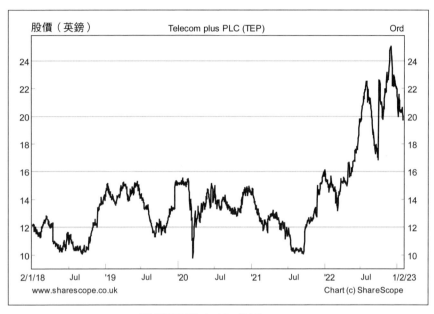

Telecom Plus——緩慢而穩定的成長

　　我會嘗試在這個價格區間的底部買進，有時也會在接近高點時賣出一部分持股。

　　因為持有這檔股票，我每年都能獲得約2萬英鎊的收益。

　　我們再以營建股 Redrow 為例。

　　儘管營建股的股價會隨著市場情緒而波動，但建商提供的服務是不可或缺的（除非你喜歡住在拖車裡）。從它過去五年的走勢中（請見下圖，並忽略2020年新冠疫情爆發的時刻），你可以看到它的股價大致在500到700便士之間來回波動。

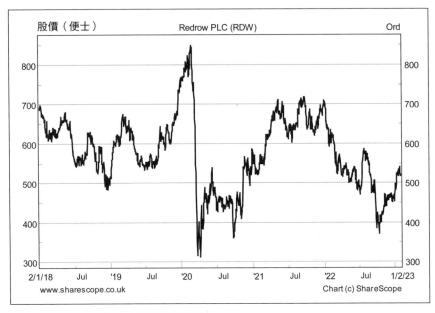

Redrow——來來回回的波動

　　就跟前述的Telecom Plus一樣,你也可以在這個價格範圍內的低點買進,但就算不是買在相對低點,你仍然可以用極低的風險,坐享它每年將近6%的股息收益。

　　現在請想像一下,如果你的ISA個人儲蓄帳戶內,有一半的投資組合防禦性超強,全都是只要長期持有就能獲得收益的股票。那麼你就可以更大膽地操作另一半的投資組合,去追求資本利得。網路上有很多關於複利及其運作原理的文章,只要Google一下,你就能理解股息收入的強大威力。

根據我的估算，自從我2001年開始持有Telecom Plus這檔股票以來，至今我已獲得40萬英鎊的股息收益，不錯吧，這還沒加上股票本身的資本利得。

 小心任何一檔股息殖利率超過8％的股票。那些看似過於美好的事物，往往不是真的。那檔股票很有可能因為面臨某些警訊，導致股價重挫，為了吸引投資人而給予不切實際、未來不一定能延續下去的高股息。對此務必要保持警覺！

這堂課我學到了什麼？

- 找出那些每年配發5％以上股息的股票，然後觀察它們最近5年的走勢。
- 你找到能穩健配息的防禦型股票了嗎？請試著在價格波動的相對低點買進它。
- 當然，不是每檔股票都會如此順利，但多數都沒有什麼問題。

策略 24

散戶克服「確認偏誤」 心態的祕訣

有些時候,一份聲明就能徹底扭轉一檔股票的命運。

倘若你已經針對某檔股票做多或做空一陣子了,你可能會因此出現「確認偏誤」。換句話說,你已經固執地認定這檔股票真的很棒(假如你是做多)或真的很爛(假如你是做空),所以即便情勢已經改變,也很難改變你的觀點。

你必須準備好迅速改變自己的想法。這麼做不僅能保護你某筆交易的收益,甚至還能讓你獲得另一筆反向操作的交易機會。以我的經驗為看,中端休閒服飾品牌 Superdry 就是一個很好的實例。我已經放空這間公司好多年了!從它的股價還在425 便士時就一路空到 110 便士。

我放空它的理由,包括它差勁的業績、逐漸累積的債務,

以及面對通膨的隱憂。我甚至猜測這間公司有可能會破產，因此我又增加了一些空單。

然而，該公司2022年12月22日發布了一份聲明，改變了一切。該公司宣布他們取得了一筆高達8,000萬英鎊的新資金。也就是說，我原先對它即將破產的預期，顯然不會發生了（至少短期內不會發生）。除此之外，該公司的淨債務也大幅下降，債務幾乎減半，而且就連它門市的業績也開始成長。

我連滾帶爬地將我所有的空單平倉，這讓我獲得一筆可觀

Superdry——超級驚喜！

的收益，請見左圖。但我沒有就此停手——我反手做多！

　　在那份聲明出現以前，我的想法圍繞在「它一定會倒閉，它的債務不斷上升，而且沒有人想買他們家的衣服了」。我大可以死守這個觀點，繼續放空它。但是我並沒有——因為足以扭轉局面的新資訊出現了，其重要性甚至讓我決定要轉為做多這檔股票。我平掉所有的空單，並在15分鐘內敲下買進鍵。這麼做非常值得——在我賺到賣空的收益後，Superdry的股價開始大幅上漲。

　　當然，能扭轉局面的絕對不是只有好消息。倘若你正在做多的一檔股票突然出現了可怕的獲利警示，股價甚至一夜之間就跌破你的停損點，你也不該找藉口繼續持有它！你必須及時調整你對它的確認偏誤。

　　我自己的例子，就是人力招募公司Gattaca。我在2021年12月以120便士的價格買進它的股票，並將停損點設在105便士。不幸的是，一個月之後，獲利警示響起，它的股價跌破我的停損點。我毫不猶豫的以95便士的價格出清了所有部位。當我出場之後，它的股價依然跌跌不休，請見下圖。

　　不可否認的，抱緊股票的想法總是如此誘人——「股價一定會漲回來的！」但是，如果新的消息扭轉了局勢，不要懷疑，請立刻採取行動！

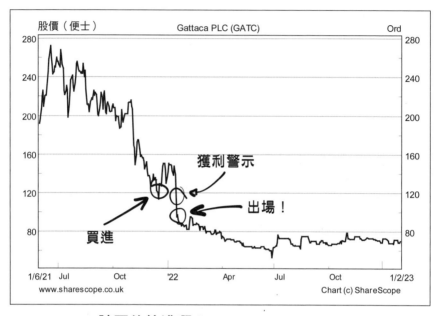

Gattaca——該死的快逃啊！

這堂課我學到了什麼？

- 在面對新資訊的時候，要做好迅速改變想法的準備。
- 不要被「確認偏誤」牽著走，持有那些走勢不利於自己的股票。
- 當你因為新資訊想反手操作的時候，不要遲疑。
- 盡快脫手那些響起警鐘的股票，即便它在開盤時就已經跌破你的停損價。

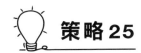

策略 25

瞄準具備「多元獲利」能力的公司

　　當我在閱讀公司報告時，我特別喜歡那些涉足多個領域的公司。理想的情況是，一間公司的收益最好是來自不同領域，且其中某些領域具備了成長潛力。

　　我之所以喜歡這樣的公司，是因為即便該公司的其中一個領域遭遇困難，其他發展健全的領域也能幫助公司度過難關。

　　專精單一領域的公司確實很好，但是——假如這門專業面臨嚴峻挑戰時該怎麼辦？

　　以「策略24」提到的Boohoo這間公司為例，它經營的是「線上服飾」這個領域，除此之外，啪，沒了。當這個領域出了問題，整間公司都會受到重創。

　　相對更穩健的公司，就像是MS International。我在2022

年12月7日的報告中注意到這間公司,結果發現它經營的業務相當廣泛多元,包括加油站上層的建築結構、鍛造、國防,以及企業品牌設計等多個領域。

而且我還注意到,它所有的領域都發展得很不錯、都有賺錢。最棒的是,它的淨現金量更從1,500萬英鎊,大幅成長到2,300萬英鎊,而且本益比也偏低。

但真正吸引我注意的,是它在國防領域的巨大潛力(雖然尚未獲利)。該公司宣稱,他們正在為自家的艦砲系統爭取來自美國的合約,他們稱之為潛在的「大獎」,此外,他們正忙著開發各種槍砲系統。

買進這種公司的股票,有點像是獲得一杯免費的飲料。假如它的槍砲系統沒賣出去,老實說,也沒什麼大不了的——其他部門仍然會賺錢。但若他們真的賣出去了,那麼你就抽中大獎了。換句話說,這筆交易就算失敗了,你應該也能收回大部分的本金。

在這份報告公布之後,我在2022年12月8日,以387.5便士的價格買進了1,000股,請見右圖。

「大獎」來得比我想得還要快。12月23日,該公司贏得一筆價值2,200萬英鎊的國防系統合約,並透漏他們還有其他合約正在洽談中。這個消息讓它的股價立刻飆漲了40%。我趕

緊加碼買進，並計畫至少會持有這檔股票一段時間。畢竟，如果他們能賣出第一筆合約，那麼爭取到其他合約的機率自然也會提高！

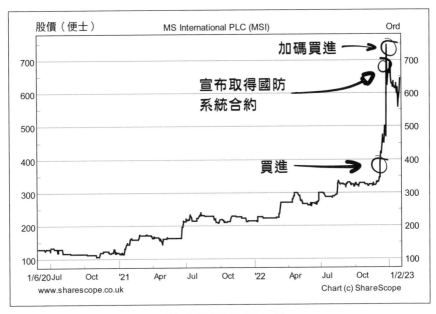

MS International──石破天驚的第一槍

　　面對多角化經營的公司，另一個必須確認的重點是：該公司是否有充裕的資金來支持其多元發展？假如它的債務過多，那麼可能就難以負擔新業務的發展，這也代表它可能會以更低的股價來募集更多的資金。

這堂課我學到了什麼？

- 擁有多種收入來源的公司，值得我們花時間仔細研究。
- 即便擁有多種收入來源，也要仔細確認一間公司擁有的是淨現金，而不是巨額債務。
- 理想上，我們要找的公司經營了多個發展穩固的領域，然後有一、兩個領域極有可能會脫穎而出（且財務狀況良好）。如此一來，你就能用最低的風險賭它能幹出一番大事。

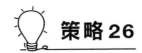

策略26

交易新上市股票的
多空獲利策略

交易新上市或首次公開發行（IPO）的股票並不容易。我遇過一些交易老手，他們在交易上得心應手，但往往會栽在這類股票上。

的確，操作這類股票有一定的難度，但多年的操作經驗也讓我獲得某種程度的心得。

首先，你必須明白，這些新上市公司的表現往往好壞參半，就跟人生一樣。有些非常糟糕，而有些則具有不錯的價值。但就近期來看，爛股票遠比好股票來得多。問題是：該如何判斷一檔新股票是爛股呢？

答案是很難。

最讓人受不了的是，有些新上市的公司你連它們的盈虧情

況都很難查到。這些公司有的會進入另類投資市場（AIM），有些則會進入主要市場；有些公司的規模極小，有些則很龐大。

雖然我累積了幾個分析和判斷這些新上市公司的方法，但相較於買進，近期我更喜歡做空這類公司。你沒看錯，而且其中有幾筆交易非常成功。在過去三年裡（以我寫這本書的時間為基準），我因為放空那些差勁的新上市公司，賺進了超過10萬英鎊。

> 好消息是，通常你不需要急著去放空它們——新上市的股票經常會先向上爬升一陣子，直到市場終於發現它們的真面目為止！

如何判斷值得做空的新上市股票？

那麼，該如何判斷適合放空的新股（或較新的股票）、有哪些危險訊號可以參考呢？

請先找出公司收益的概略細節。有些規模較小的新公司不會給你任何數據。但即便他們不給，你還是可以找到。我通常會上Companies House網站，在那裡你只需要支付約2英鎊就

能獲取詳細的資料。你需要確認的事包括：

1. 公司是否有巨額負債？

2. 公司資料中是否一開始就出現「EFITA」（稅息折舊及攤銷前利潤）[1] 這個數據？EBITA 數據通常都是鬼扯蛋。它存在的目的，就是讓你誤以為公司的利潤比實際上的數字更高。

3. 董事們在公司上市後賣出了多少股票？是在公司上市後不久就開始賣的嗎？也許它所屬產業的規模已經飽和，所以董事們正打算開溜。你會買進一檔連內部人士都急著脫手的股票嗎？

4. 最重要的是，新上市公司的市值是多少？這個估值與它的稅前利潤相比是否顯得過高？

我們來看看幾個例子。

金融科技公司 Wise Group 就是近期被我放空的新上市股票之一。

我快速檢視了該公司的上市文件。它上市時的市值超過 80

1　意指公司未計算利息、稅務、折舊和攤銷前的利潤。

億英鎊，這也讓它進入了富時100指數。但我在不到一分鐘的時間內就判定：這是一個可以放空的好機會。

它有高達80億英鎊的市值，但它的稅前利潤卻只有區區的4,000萬英鎊！

就有利的方面來看，該公司似乎有不少的現金——33億英鎊。它的獲利與現金也都在成長。

但是……但是……80億英鎊的市值。這怎麼可能？

把33億英鎊從它的市值中扣掉，就剩下大約50億英鎊。50億英鎊的市值，對應的卻是4,000萬英鎊的利潤？

這已經超過了100倍。

沒錯，該公司近期的利潤確實翻倍成長。好，那麼我們假設它的利潤再次翻倍，達到8,000萬英鎊好了，你仍然會得到一個超過60倍的瘋狂估值。

我完全找不到它的估值能如此瘋狂的理由，因此當該公司的股票在2021年10月以1,016便士的價格上市後，我立刻開心地放空它，請見右圖。

事實證明這是明智之舉！

沒過多久，它的股價就跌破500便士——這次賣空為我帶來驚人的獲利。而且老實說，即便市值腰斬，這檔股票看起來還是太貴了！

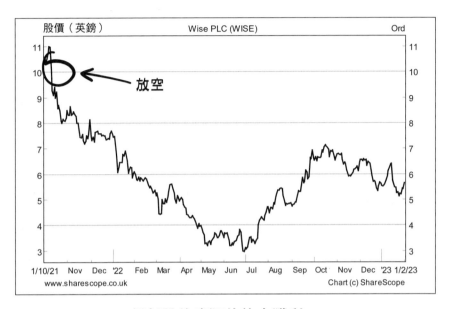

Wise Group——從新股的瘋狂估值中獲利

　　我再舉一個例子——線上賀卡公司Moonpig。

　　這間公司在2021年的時候，以12億英鎊的估值上市。股價迅速大幅上漲，很快的，估值就來到了15億英鎊。

　　在它上市後不久，它所公布的獲利數字不過為3,200萬英鎊，但淨負債卻高達1億1,500萬英鎊——我不敢相信自己的眼睛！

　　這樣的公司怎麼可能值15億英鎊？在我看來，它能有相當於其獲利15倍，也就是5億英鎊的估值就已經很走運了。於

是我決定放空它，請見下圖。

　　沒過多久，該公司的大股東就大舉拋售了近2,000萬股。此外，隨著新冠疫情逐漸降溫，Moonpig的主要業務——提供線上訂製賀卡並送貨上門的服務，很可能會隨著人們的生活恢復正常而失去吸引力，因為大家可能會更傾向親自到商店選購賀卡。

　　這就是我決定做空它的另外兩個理由。因此，我對這筆交易很有信心。果不其然，這次操作很成功，該公司的股價最終腰斬了。

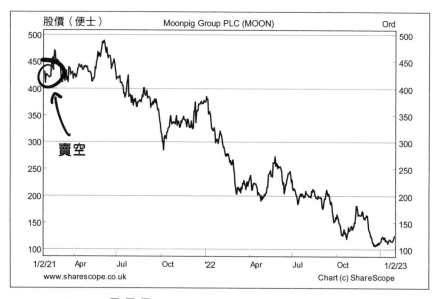

Moonpig——嘿嘿嘿

在這本書的其他策略章節中，我也提到了許多關於我放空差勁新上市股票的例子。最經典的，包括線上交通訂購平台 Trainline（公司董事們瘋狂拋售，請見「策略 07」）、道路救援服務公司 AA（巨額債務，請見「策略 28」）和豪華車品牌 Aston Martin（同樣是巨額債務，請見「策略 14」）。

現在，來看看那些我做多的新上市公司股票。

 ## 如何判斷值得做多的新上市股票？

談到我願意買進的新上市股票，我通常是挑選那些看起來貨真價實的公司，它們的特質包括：

1. 公司的市值與獲利相比，不會太瘋狂。
2. 債務較低。
3. 握有一定的現金。
4. 業務正在成長，並且有進一步發展的空間。
5. 公司董事們看起來並沒有急著要將自家公司的股票套現。

2021 年底，我遇到一個非常棒的例子。那間公司有一個

非常「聰明」的公司名稱——Facilities by ADF（為什麼不乾脆叫ADF就好），它主要的業務是為電視及電影製作公司提供戶外拍攝設備，而它上市時的股價就顯得相當合理。

該公司在2022年1月上市，市值為3,800萬英鎊。它在2021年的稅前利潤為420萬英鎊。對我來說，這是一個頗具吸引力的估值——市值不到利潤的10倍，而它2022年的利潤預估為500萬英鎊。該公司表示，他們的設備需求正快速成長，而且市占率也超過了30%。

終於，與其他新上市股票相比，這檔股票的估值看起來合理多了！

沒有任何跡象顯示，它的董事們在拋售持股。加上在新冠疫情高峰之後，電視與電影製作這個產業確實開始谷底回春，許多彼此競爭的頻道都需要製作新的內容。

於是我開始買進該公司的股票，並隨著股價上漲，我持續加碼，請見右圖。接著，在2022年初，該公司發布了一份美好的「領先」聲明（請參閱「策略03」：注意新聞中出現「超乎預期」的關鍵字）。

完美！

我的獲利不錯。但緊接著，市場整體下滑，我的股票也是。我的停損點因此被觸發。實在太不完美了！

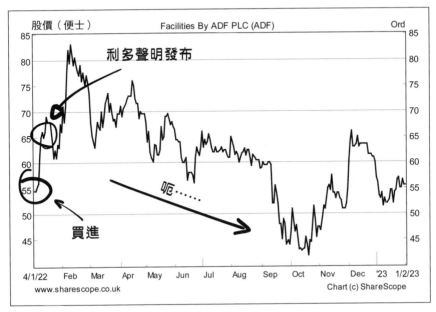

Facilities by ADF──愉快的交易

在市場不景氣的時候，我試著重新買回這檔股票，希望能長期持有它。（但我還是把停損點設好設滿，以免電視節目忽然變得不流行了。）

關於新上市股票，我還要補充一點。在做空時你可能會發現，新股上市初期你很難做空，因為你很難向券商借到券。但無論如何，你其實不需要急著這麼做。

這堂課我學到了什麼？

- 只有當你確認某公司所屬的產業仍具成長空間，且公司董事們沒有急著在高點將股票套現時，再考慮出手買進新上市股票。同時，要確認它的估值是否合理。
- 記住這些危險訊號：估值倍數過高、使用EBITA數據、董事拋售持股、債臺高築。
- 看見大量危險訊號和不合理的估值時，放空它！

策略 27

抓住股價波動區間
來回獲利

　　有一種有趣的交易策略，就是鎖定一檔股價在明確價格區間內波動的股票。這個策略很棒，因為它能讓你在短期內快速獲利，也能在股價突破原本的價格區間時，提供長期持有的機會。

　　在我寫作之際的最新實例，就是 Airtel Africa——這是一間為 14 個非洲國家提供電信與行動支付服務的公司。透過以下的圖表，你可以看到它在 2022 年 1 月的股價，約莫保持在一定的區間內——130 到 160 便士之間。

　　希望你看得出來，我甚至把參考線拉出來，好幫助今天可能已經累到不行的讀者們。

　　這告訴我們什麼事呢？

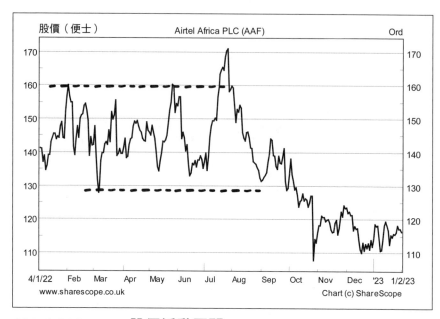

www.sharescope.co.uk　　　　　Chart (c) ShareScope

Airtel Africa——股價活動區間

「市場」認為，當這檔股票的價格跌到130便士左右時，它的價值就被低估了；但是當它漲到160便士左右時呢？嗯！也許就目前來看，這個價格顯得有點高了。

雖然看起來直截了當，但在做這類交易之前，我們還有一些事必須確認。

首先：買賣價差！點差策略不適合用在這類小型股上，因為點差可能會突然變大，而且小型股流動性不足，難以買到足夠的股份來獲利。

在買進或賣出時都需要考量點差，因為這會限制你的利潤空間。更重要的是，當流動性很低時，或許會因為買賣的數量有限，導致你很難賺到值得你花這些心力的錢，畢竟小型股的風險更高。

靜待股價回撤價格區間的低點

請試著找到一檔流動性高且點差較小的股票。實際上，你應該挑選富時250指數及以上的股票，也就是那些市值超過5億英鎊的公司。

Airtel Africa完全符合這些條件：它的市值超過5億英鎊、點差小、很容易能買到充足的股份，而且股價暴跌的風險也比小型股來得低。

很明顯，我們要找的是一檔具備長期成長潛力的績優股。從基本面來看，Airtel Africa的獲利正在成長，股息殖利率也將近4%（這展示了該公司的信心）。

那麼風險呢？

它的債務數字有點高，但仍處於我在《在家投資致富術》一書中提到的合理範圍內。此外，該公司擁有大量淨資產，看起來不大可能破產。

就鎖定價格區間的策略來看，這檔股票相當不錯。你可以在130便士左右買進，然後在160便士左右賣出。或者反過來，在160便士左右放空，並在130便士左右回補平倉。

理想的停損點，應該設在稍微低於通常會吸引買家出手的位置。以Airtel Africa的例子來看，其價格低點通常是132便士，所以我把停損點設在128便士，預留了一點空間（這個做法很有效，特別是涉及點差交易時，因為券商通常會在點差上加一點額外的幅度）。

在操作這個策略時，你必須特別留意公司的財報和交易聲明。如果你在做空的同時，公司卻發布了利多消息，或情況正好相反，那該怎麼辦呢？此時，點差交易中的「保證停損」可能會幫上忙（一般而言，我會使用點差交易帳戶來操作這個價格區間策略）。

我從未放空過Airtel Africa，而是透過股價從低點反彈的過程，賺進不錯的收益。

交易計畫：Airtel Africa

- 買進價：133便士
- 目標價：160便士
- 停損點：128便士

　　我在2022年6月以133便士的價格買進，目的是在價格波動區間內操作，計畫在股價達到160便士左右出場。停損點則設在128便士，請見下圖。

💡 後來發生什麼事？

　　這筆交易非常順利，我獲得可觀的收益。然而在這筆交易之後，Airtel Africa的股價卻跌破了價格波動區間。此時應該要暫停交易，直到它再次建立新的價格區間為止。

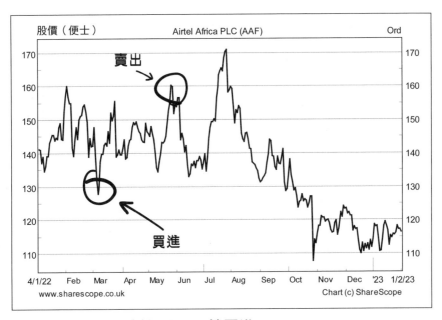

Airtel Africa——靜待股價回檔買進

另一個鎖定價格區間操作的成功案例，就是Spire Healthcare（請見「策略02」）。你可以觀察以下的圖表，找到一個大致的價格區間——從2021年6月開始，它的股價便在210便士到接近250便士之間來回波動。你可以在大約200便士的時候分批買進，然後在接近250便士時獲利出場。

這檔股票完全符合「抓住股價波動區間」這個策略的條件：流動性高、點差不大。每一次當你在200便士的位置進場時，都能輕鬆的把停損點設在197便士。

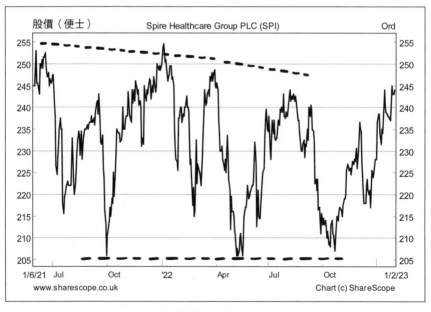

Spire Healthcare——在價格區間內來回獲利

操作價格區間的選股祕訣

在操作這個策略時，你的要找是一檔在價格區間底部看起來很划算的股票。假如你發現一檔股票的點差（即買進價和賣出價的差距）較大，但它的市值超過5億英鎊，那麼這個比較高的點差，或許是因為它基於某些原因只限定給造市商（market maker only）[1]交易，因此必須進一步確認，實際的點差有可能很小。

舉例來說，Team 17這間電玩遊戲公司的股票點差看起來是15點，但實際上買進和賣出的點差卻只有2點。

這檔股票約略建立了一個385便士到450便士的價格區間，請見下圖。

我在2022年5月以385便士的價格買進，一個月後以460便士的價格賣出，獲利接近800英鎊。

1　亦稱「造市者」。為了提供市場流動性，造市商必須不斷地更新買進與賣出價格，以反映市場狀況。造市商會透過「點差」（買進價與賣出價之間的差距）來賺取利潤，通常會在市場波動時調整價格。當某些股票僅限造市商交易時，市場競爭較少，點差可能會變大，這是因為造市商需要承擔更多風險來維持流動性。然而，對於市值較高的公司，儘管偶爾點差較大，但由於流動性強，實際點差往往相對較小。造市商的存在有助於市場穩定運作，特別是在流動性較低的市場或股票中。

接著，一個月後，當它的交易區間又再一次被壓低到385便士的相同水準時，我又如法泡製了一次。

我在6月24日以388便士的價格買進，等待下一次漲到450便士左右的時機。

Team 17──歷史重複上演

這堂課我學到了什麼？

- 留意那些價格落在一定區間內的股票，看看自己能否在短期內買低賣高或賣高買低。

- 倘若價格區間被向上突破或向下跌破時，就要重新評估這個策略。倘若是向上突破，可以考慮繼續持有，以期獲得長期收益；但若是向下突破，就必須提高警覺並離這檔股票遠一點，除非你已經放空它了。

- 理想的損點應設在略低於支撐價格的位置。

- 定期檢視你喜愛的股票是否有形成價格波動區間，對全職投資人來說，這些是如獲至寶般的交易。

- 當你在挑選新股票時，請仔細觀察圖表。你看到價格波動區間了嗎？

策略28

敲下買進鍵之前的
終極測試

　　無論你是多麼經驗老道的交易者，總會有一些時刻，當你的手指懸在「買進鍵」上方時，心裡還是有些忐忑不安。

　　你打算買進的股票，它的估值真的合理嗎？還是你買貴了？或者問題太多了？

　　倘若你對某檔股票心存疑慮，不妨讓它進行創投實境節目《龍穴》的測試[1]──你要做的事，就是假裝這檔股票是一間站在你面前的公司，請求你給予他們資金。

　　我個人很喜歡假裝自己是彼得・瓊斯，這位在《龍穴》節目中拷問著潛在企業家的英國大亨（請見「策略07」）──在那

1　倘若你人在美國，也可以參考類似的實境節目《創智贏家》（*Shark Tank*）

麼一瞬間，我可以假裝自己是一位高挺、英俊且打扮完美的傢伙。然後，我必須再回到現實。（我們這些矮禿子還真的挺不容易的。我能想到的最棒職業就是成為股票交易員，或是電視節目裡的暴力黑幫份子。）

好了，現在你就是彼得・瓊斯。你面前站著一位滿身是汗的傢伙，還有他那緊張兮兮的生意夥伴，他們兩個要不是不清楚實際數字，就是不知道自己到底要花多少年才能開始獲利。如果你是彼得，你會直接告訴他們怎麼敢拿這麼「狂妄」的估值走進來。於是，他們被趕了出去。

彼得想看到的，是一組獲利數字，一個合理的公司估值，以及接下來幾年的預估數字。接著他得判斷：「如果我把錢投進去，我賺得回來嗎？」

身為投資人，你面臨的狀況就跟他一模一樣。真的，問題很簡單：這間公司的營運狀況符合它當前的估值嗎？

以下，我們假設 Aston Martin 走了進來，打算說服你投資。

 ## 你的股票估值合理嗎？

「嘿，彼得。我們專門為那些『尺寸』較小的男人製造超完美跑車。」[2]

彼得心想：這聽起來挺有賺頭的。「告訴我你們的獲利跟預估，」他說。

「沒問題，彼得。」Aston Martin 說道：「嗯，呃……我們今年可能會虧損 3 億 8,700 萬英鎊，但到了 2024 年，我們的虧損就會降到只剩 2,200 萬英鎊了。噢，附帶一提，我們的淨債務金額為 10 億英鎊，而我們認為本公司的估值是 7 億英鎊。」

彼得肯定會勃然大怒。「你帶著這麼大的虧損和債務，居然還想要 7 億英鎊的估值？我才不幹！」

彼得還會附贈一句：「還有，不好意思，我的那話兒可是一點也不小。」

你瞧，像這樣的估值實在過高，再加上他們預期的前景居然只是「減少虧損」。但即便如此，我們真的能相信他們所說的那些數字嗎？在 DD（小弟弟）測試下，Aston Martin 顯然不是理想的投資標的。我自己也放空了這間公司，並因此賺了將近 5 萬英鎊。

接下來進場的公司是……

「嗨，彼得，我來自 ME Group，我們的營運項目包括快照亭和自助洗衣店設備。」

2　根據一份英國的研究指出，越愛買跑車的男人「那話兒」越小。

「嗯，」彼得說。「快照亭不是有點過時了嗎？」

「一點也不，」ME Group回答道。「自從疫情解封、重新開放旅遊之後，我們的生意簡直是源源不絕。大家都需要新的護照相片，而且大家也發現直接用快照亭的服務遠比自己在家弄個半天更簡單。大家也很喜歡我們的洗衣機。只要在超市外面將你的棉被扔進去，然後再去買菜，等你買完東西，就有一條潔白如新的棉被了！」

「不錯，」彼得回應。

「那你們的數字呢？」

「今年我們的獲利為4,800萬英鎊，2024年預估能賺到5,400萬英鎊，健康成長。我們手上有4,500萬英鎊的現金。我們認為這間公司值4億英鎊。」

「所以，」彼得說，「你們想要我以8倍的利潤來投資，而且你們還有4,500萬的現金。我加入！」

Aston Martin和ME Group——這兩間南轅北轍的公司。我相信彼得會樂於投資其中一間公司，但對另一間公司敬謝不敏。

這完全取決於公司對未來的展望，以及對照他們的市值是合理？還是過於荒唐？

從公司獲利、債務與現金中找線索

好了，最後兩名參賽者走進來了……

「事實上，我們是一間相當無趣的公司。」推銷者說道。「我們的工作就是安裝瓦斯設備和更換新的瓦斯表，這些東西雖然無聊，但卻缺之不可。我們有一堆合約。」

「數字呢？」彼得問。

「從2018年以來，我們每年的獲利都在成長。」推銷者說。「現在的獲利是1,600萬英鎊，到了2024年預計能達到2,000萬英鎊。噢，而且我們還有現金，到了2024年可能會累積到3,000萬英鎊。」

「那麼你想要多少錢？」彼得又問。

「我們希望獲得一筆能將公司估值定在1億4,200萬英鎊的投資。」

身為投資高手，你會怎麼回應？

我認為彼得‧瓊斯應該會這麼說：「你們的業務或許很乏味，但數字卻非常出色。獲利不斷成長，還有現金在手，而我只需要付你們2022年獲利數字的7倍。沒問題，我加入！」

這檔股票就是能源系統安裝服務商Sureserve——我也是股東之一（請見「策略14」）！對於一間安靜成長的高品質公司

來說，這個估值非常合理。

接著，最後一位參賽者，來自2016年《龍穴》的重播。

他熱烈地推銷說：「我們的生意很好，我們負責拯救那些車子壞掉的人，同時也兼賣保險。」

「這是一門很穩定的生意，」彼得評論道。

「沒錯，明年我們可望賺進1億5,000萬英鎊！」

「聽起來很不錯，」彼得說道，「那麼債務呢？」

他看起來有點緊張且冒了幾滴汗。

「嗯，呃……」

「快說！」

「債務大約有……28億英鎊。」

「你是說28億英鎊？」彼得大叫。「你走進來要我投資一間欠債數十億的公司。我才不幹——你可以滾了！」

好了各位，這間公司就是道路救援服務公司AA！

它的股價在2016年間一直在400便士左右徘徊。我瘋狂地一路追著它賣空，因此賺進超過4萬英鎊。如同彼得肯定會指出來的，扣除它的債務，這間公司剩下來的根本沒值多少錢。

最終，這間公司被併購了……以35便士的價格！

我希望我的論點已經強調得非常清楚。

這堂課我學到了什麼？

- 想像自己是一位意志堅定的投資者，就像是《龍穴》或《創智贏家》裡準備在交易中敲下買進鍵的大人物。
- 在檢視了公司獲利（或虧損）與債務的數字後，你覺得它的估值看起來合理嗎？
- 倘若那間公司親自向你遊說，你願意投資它嗎？
- 倘若會，那就買進他們的股票吧。倘若不會——下一位！

策略 29

搭配動能指標買進
價值成長股

這應該是你所有投資策略中排名第一的策略——買進有價值的公司。

我很驚訝,居然有很多人更喜歡花時間在那些風險超高的小型股上,期待自己能找到所謂的「N倍股」(multibagger,價值能翻上數倍的股票)。但這種事根本鮮少發生,這些人最終通常會白忙一場。

他們會投資那些小型的石油探勘公司、顯而易見的詐騙公司或開採金礦的公司等這類通常虧損連連、完全看不到獲利曙光的公司。

相對的,倘若你買進的是價值股,那麼即便碰到最慘的情況,你也不可能會輸到脫褲。

　　但是，怎麼樣才稱得上是「有價值」呢？對我來說，具備以下幾項特質的股票就稱得上有價值：

1. 撇除新冠疫情期間不談，獲利長期成長就是一個指標。股息穩定增加也是一個好跡象（這顯示出公司的價值與自信）。
2. 擁有持續增加的現金儲備，且未來沒有重大債務出現的跡象。
3. 它或許是一間受到人們信賴的知名企業。董事會成員的經驗豐富且在業界深耕多年。
4. 公司並不年輕，也沒有那種「空泛」而美好的承諾，獲利穩定，債務也很健康。
5. 該公司是業界的龍頭。

　　至於該去哪裡找價值股呢？

　　類似Stockopedia這樣的財經網站，就提供了一些不錯的篩選工具，像是Top QualityRank（頂尖價值排行榜）──這個榜單的評分標準來自於幾位投資大師，包括巴菲特、約瑟夫・皮爾托斯基（Joseph Piotroski）、愛德華・歐特曼（Edward Altman）和班納許（Messod Daniel Beneish）等，這個價值量

表的滿分為100分，請見下圖。

它的評估標準，包含了破產風險、獲利成長和特許業務經營的實力等。那些獲得最高分的公司絕對值得你仔細研究。

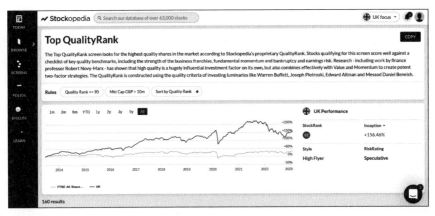

Stockopedia網站的「頂尖價值排行榜」

不過，這並不代表只要一檔股票的分數夠好，你就可以直接出手！無論如何，你都得親自研究、驗證才行，畢竟這個排行只是電腦演算法的產物。即使是拿到高分的股票，也該對它做例行性的確認。

此外，你還必須確認它所得到的分數，是否把目前的市場狀況也考慮進去了？假設一個酒吧集團獲得很高的分數，這固然很棒，但如果目前的通膨居高不下、工資上漲，而且根本沒

有人想到酒吧工作，因為大家都只想去參加實境節目《戀愛島》（*Love Island*）[1]的選拔，那麼該怎麼辦？

　　我發現，在這個策略中加入幾個動能指標會更有效。倘若你找到一檔價值股，且股價一直在上漲，這會讓你更有信心，因為這代表這檔股票背後有穩定的買盤在支撐，才能讓股價持續上揚。

　　因此，你也可以搭配Stockopedia網站的 Top QM Rank（價值動能排行榜）來輔佐決策，請見下圖。

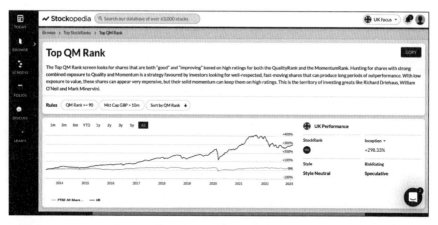

Stockopedia網站的「價值動能排行榜」

1　英國實境節目，參加節目的男男女女會在近兩個月的節目播出時間，住進一棟位於海島上的豪華別墅裡，與外界隔離。

　　這個量表結合了價值與動能，也就是說，買進一檔帶有動能的價值股，或許能得到不錯的回報。但與此同時，你必須小心：動能是否已經把一檔價值股的價格，推升到過高的水準？

　　觀察一檔股票（即便是價值股）價值是否過高的警示標準，包括過高的本益比及本益成長比。此外，若股價已經上漲25％或更多，而該公司近期即將發布財報，那麼此時可能是許多人準備獲利了結的時候，你很有可能會買在高點。

　　因此，這之中有許多必須綜合考量的因素。我自己會透過本書的其他策略綜合篩選，但本章的策略是一個很好的起點。

　　當你瀏覽這些排行榜上的股票時，可以任意點擊一檔來查看該公司的概況，如此一來就能在進一步研究之前，先排除那些你不感興趣或不擅長的領域。

這堂課我學到了什麼？

- 你不需要浪費時間做無謂的創新或冒險，只要將「買進價值股」當作自己的核心策略即可。
- 選擇獲利穩定成長、沒有債務、擁有可靠的管理和產品的公司，並搭配其他價值指標一起評估。
- 確認「本益比」和「本益成長比」沒有過高。

策略30

資金控管第一課：
不要賭身家

你非常需要一個整體策略來決定「自己應該要投入多少資金到市場上」。

我的核心觀點是：永遠都不要過度投入資金，即便是在情況超級順利的時候也是如此。

事實上，尤其是那些交易做得順風順水的時刻。

「那麼，我應該要投入多少資金呢？」

我超常被問到這個問題。我很想回答：「聽著，我又不是像馬丁‧路易斯（Martin Lewis）[1] 那樣的金錢管理專家。」

我們每個人的情況都不一樣。你們之中有些人可能還背負

1　英國金融專家，亦是經常出現在電視上的投資及省錢達人。

著伴侶、家庭等責任，這也會使得情況更加複雜。而有些人則沒有責任在身，因此能承擔更高的風險。然後，還有一些人根本有承諾恐懼症……

最重要的是——好了，我知道我很老套——請捫心自問：假如你投入市場中的錢虧掉了70％，你受得了嗎？

我是認真的！

如果你70％的錢在一夜之間消失了，你還付得出貸款嗎？你能繳清所有帳單嗎？你的生活水準會因此下降嗎？

倘若答案為是——代表你投入太多錢了。

快把錢拿回來！

> 請看看你目前投入了多少錢在股市中。試著算一算，假設這筆錢縮水了70％，你還剩下多少錢？現在。請誠實作答：你的世界會因此毀滅嗎？你會因此需要刪減開銷，或勒緊褲帶過日子嗎？

請將你的風險等級降到「即便你賠光這些錢，你仍然能笑著面對一切、照樣過日子」的程度。

問題是，我確實認識一些賠掉70％或甚至更多錢的人。我認識的一個人投入100萬英鎊買股票，結果賠掉80％，這毀掉

了他的生活。我也遇過一些人，不讓另一半知道自己賠了錢，最後連婚姻也賠掉了。

在市場低迷時，特別是你持有的是小型股的話，賠掉70％的資金是很容易的事。

有名男子在我的研討會上，承認自己用350便士的價格，買進了價值25萬英鎊的Boohoo股票，然後他固執地持有這檔股票，不願在股價下跌時停損賣出，只因他聽了網路上某位大師的建議。

再多的責備根本無濟於事，事情就是發生了。在Boohoo的股價暴跌到低於80便士時，他幾乎賠光所有的錢。而他很需要這些錢。噢，而且他還沒把這件事告訴他的太太。他無法承擔賠光這些錢的後果。

另一位聯繫我的投資人，則因為一檔股票賠了25萬英鎊，另一檔股票又賠了30萬英鎊。

我發現，在面對「自己到底投了多少錢到股市」這件事情上，大家很難做到誠實。我懷疑絕大多數的人投入股市的錢都太超過了。現在，請立刻仔細檢查你的帳戶，看看你是不是放太多錢進去了？

這麼多年來，除了ISA個人儲蓄帳戶每年准許的最高額度2萬英鎊之外，我從來沒有在我的投資帳戶內多放一分錢。

現在，即便我能輕鬆地投入更多錢，我也不打算這麼做。我甚至連一點點的心動都沒有。

現在，我的國家儲蓄及投資帳戶（NS&I）[2]內有將近200萬英鎊的現金（部分是賣房的所得）。或許你認為我應該要把這筆錢投入股市。不。它們必須是現金——而且國家儲蓄是百分之百受保障的錢。或許，我會用這筆錢來購置房地產。

我把這筆錢視為我餘生的準備金，沒有任何事能讓我把這些錢投入到股市中。

根本沒有必要，我過得很好，為什麼要冒這樣的風險？

思考一下你的自由現金流。其中有多少錢應該要放到股市上？或許是20％到25％？倘若你有閒置的10萬英鎊，那麼拿出2萬5,000英鎊呢？或許你很有可能會賠光這筆錢，但也沒關係。但如果是拿出一半呢？你還能這麼確定嗎？

當然，年齡也是一個考量。假如你現在25歲，也沒有任何責任義務在身上。那麼，OK，你可以承擔更高的風險，把更多錢放到股市中。

但假如你現在已經30或40幾歲了呢？請容我這個老古板說一句：小心駛得萬年船！

2　NS&I為英國最大之儲蓄組織之一，主要提供個人存款戶、投資者儲蓄及投資產品。

　　我會試著讓 ISA 個人儲蓄帳戶中的錢，繼續原封不動的放在那裡。至於投資股票的收益，我會傾向把它們兌現，用「現金」的形式保存。

　　假如我發現自己的股票賠錢了，我會果斷撤出市場，不會再投入更多的錢進去。

這堂課我學到了什麼？

- 仔細檢視一下，你是否因為貪婪而在股市中投入過多的錢？或者你是抱著賭博的心態在買股票？又或者只是隨著時間過去而不小心變成現在這樣子的呢？
- 請務必誠實面對這個問題。倘若你發現自己承擔了過高的風險，趕快削減部位。
- 你的人生會因為這個策略輕鬆許多！

策略 31

用假動作試探小型股的漲跌風向

　　當你打算買進某檔股票時，你肯定會想在最佳時機點出手。你一定會希望股價馬上就能一飛沖天。而你最、最、最不想見到的，就是在你買進之後股價就開始下跌。

　　倘若股價真的開始下跌，而你買進的又是小型股，那麼麻煩就來了。尤其是當你還要承擔點差成本時，光是點差就可能讓你先虧損3％到4％。如果此時賣單湧現，股價又下跌了幾個百分點，很有可能因此觸發你的停損點，短短一天之內，你就可能成為輸家。

　　幾乎所有的小型股都被造市者（market makers）控制著[1]。

1　造市者的角色是提供買賣雙方的報價，以維持市場的流動性。由於小型股的交易不如大型股活躍，造市者在決定這些股票的買進和賣出價格時，具有較大的影響力。因此，他們可以藉由調整買賣報價，對股價的短期波動產生較大的控制力。

那麼，我們該怎麼知道，他們打算讓一檔股票上漲或下跌呢？

在這方面，「二級報價」就能給予我們幫助。如同我在前文所說，這件事單憑一本書，實在很難解釋清楚；除非我能像在研討會時那樣現場實際操作給你看，否則光憑文字真的是有理說不清。但是，有一個很簡單的技巧，能讓你嘗試並搞清楚一檔小型股的價格很有可能會上漲、還是下跌。

那就是用假動作，嘗試「假裝下單」！

這意味著你要在你的交易平台上下單，以獲得一個15秒的報價。

你應該要尋找什麼樣的線索，才能判斷一檔股票可能會上漲，而且造市者或許剛好很缺這檔股票呢？

最理想的指標，就是當你依照市場規模下單買進（通常小型公司股票的交易額約為2,000到5,000英鎊），結果卻沒有任何報價出現。這表示該檔股票無法交易。這是一個非常好的指標：造市者並不想賣股票給你。

在這種情況下，如果你真的看好這間公司，想買進它的股票，你可以試著下一筆比當前價格高1便士或2便士的限價單，或者老派一點──直接打電話給你的股票經紀人，問問看他們能幫你弄到什麼。

那麼，哪些是壞徵兆呢？

當你要求買進大量的股票，然後猜猜怎麼了？對方二話不說地願意賣給你，甚至還要給你折扣！

這就不妙了，這代表造市者想拋售大量股票給你，股價極有可能即將下跌。

從你得到的報價中也能獲得一些線索。假設某檔小型股的報價為400到410便士。你假裝下了一筆單，然後得到404便士的報價，便宜了6便士。這可不妙！造市者急著想要脫手。

請記住：他們是你的敵人！假如他們給你一個比報價更划算的價格，請小心敵人送上門的禮物。

然而，假如你依照市場價格下了一筆單，結果得到一個比預期更高的報價，例如412便士。那就接受吧！這代表股價幾乎肯定會上漲。

在假的賣單裡，你也能得到更多資訊。假如你下了一張假賣單，並發現自己可以輕鬆賣出大量的股票，那就絕對不要賣！因為造市者想要從你手中買走股票——別讓他們得逞！

有些券商甚至允許你即便沒有該檔股票，也能假裝下單要賣……請先確認你使用的交易平台是否有這樣的功能。接著，你就能假裝要賣不同數量的股票，看看造市者願意從你手中買走多少股票。

倘若你沒辦法賣掉太多的股票，那麼現在或許就是實際賣出並獲利了結的好時機——因為在這種情況下，股價很有可能會下跌。

這堂課我學到了什麼？

- 重點在於：別做造市者想讓你做的事。
- 假如股票很難買到，那就去買！
- 假如股票很難賣掉，那就去賣！
- 越容易能買進或賣出大量股票，警告的程度也越濃。
- 請注意：我這裡講的是造市者限定的小型股。這招對於那些名列富時250指數及以上的大型股沒有用。

策略 32

鎖定「低本益比」及「低本益成長比」的股票

　　這大概是本書最具技術性的一章了。我懂，每當分析師或財經作家開始喋喋不休地講著本益比（PE）、本益成長比（PEG）、現金流、MACD指標⋯⋯等等東西時，睡意就會莫名地襲來。但是，請不要放我一個人在這——說真的，其實觀察本益比跟本益成長比還蠻簡單的。

　　我會透過本章所述的衡量標準，幫助自己判斷一間公司的股價是否划算。

> 我認為，當一檔股票的本益比看起來相對較低（但不至於過低），且本益成長比也很低時，代表目前的進場價格具有一定的價值。

我確認本益比的方法

　　一間公司可能會有多種本益比的數據，我習慣固定看同一種，這樣一來，我就能進行一致的比較。我較常使用的是 Stockopedia 網站的「預期本益比」(forward PE)。在報價頁面中，它會以 PE(F) 或 PE Ratio (f) 來顯示，請見下圖。

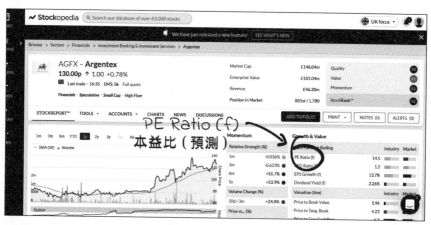

Stockopedia 網站的報價頁面

　　或許有人會說：「好了啦，羅比，你非得要講這些無聊的東西嗎？所以，『預期本益比』究竟是什麼鬼？」

　　Stockopedia 網站解釋得非常清楚，這對我來說再方便不過了，因為我可以直接複製貼上——就像這樣：

「高本益比意味著投資人必須為每一個收益單位，付出更高的成本，因此與低本益比的股票相比，前者更貴。本益比的表示可以用年為單位，就其意義來看，這意味著在忽略通膨的情況下，需要多少年的收益才能抵銷買進的價格。」

「投資人經常會迷戀魅力股（導致它們的本益比過高），卻對價值股不抱任何興趣（導致其本益比過低）。研究顯示，長期來看，低本益比股票的表現更有可能比高本益比的股票優秀。換句話說，有許多投資人深信我們應該『為價值買單』，就跟我們在買珠寶的時候一樣——也因此最棒的成長型股票鮮少會以低本益比被交易。」

那麼，我們應該鎖定什麼樣的本益比數字呢？

我喜歡本益比在 8 到 18 之間的股票。低於這個數字就要注意了，倘若一檔股票超級便宜，你就要思考是不是哪裡有潛在的問題，像是公司可能有巨額負債之類。

倘若本益比過高，代表該公司可能預期會出現巨大的成長——但只要它的成長幅度稍為放緩，股價就很有可能因此重挫。此外，這也可能代表這檔股票處於一定的泡沫中。

最近，我持股的公司收到了不少併購提案。我發現，當股

票的本益比介於12至16之間時，往往就會收到這類併購提案，而收購價格通常會將這些數字推高至20到25左右。

　　但是，就算一檔股票的本益比正位於甜蜜點，也不代表你就可以無腦買進。你還是必須進行大量的調查。或許，有檔股票的本益比為7，你因此認為「不錯，很低」。接著，你發現該公司的獲利很理想，但它處於一個市場此刻並不怎麼喜歡的領域，因此股價還有可能繼續向下。又或者——最典型的情況——它有債務問題。

　　對我來說，要讓我出手買進一檔本益比超過20的股票，那麼這間公司必須有著超級夢幻的成長預期。這也代表我們必須仔細觀察「本益成長比」。

我確認本益成長比的方法

　　再一次，Stockopedia網站上關於本益成長比的解釋，救了我一命（我為自己感到驕傲，我大可以假裝是我自己寫下這些內容，但我沒有。我真棒）：

　　　「本益成長比是一種價值指標，可用來評估股價、獲利和一間公司預期成長的權衡結果。該指標在彼得・林區

和吉姆‧史萊特（Jim Slater）的倡導下變得大受歡迎。一般來說，本益成長比越低，價值就越高，因為投資人為每一單位獲利成長所付出的成本較少。」

「本益成長比的數字為 1 時，代表股價相當合理。而為 0.5 至 1 時，則被視為不錯，也代表在考量到其成長情況後，該股票的價值或許被低估了。至於低於 0.5 的數字，則代表非常優秀。」

看清楚了嗎？本益成長比低於 1 很好，低於 0.5 就更好了。

我曾遇過一些本益成長比為 5 或甚至更高的股票，我立刻決定和它們保持安全距離。

假如這個數字是 1.5 或 2，我還不至於太擔心。但如果是很大的數字⋯⋯嗯，或許我需要多花一點時間挖出背後的理由。

我的「本益比」及「本益成長比」確認清單

在檢視股價時，我的確認清單包括：

1. 本益比介於 10 的中段或更低。
2. 本益成長比低於 1。

3. 外加2.5％及以上的股息殖利率（4％或5％更理想）。

當這三個條件都滿足之後，我就會展開更詳細的調查。相反的，如果我看到的本益比數字為28，本益成長比為3，而且還沒有股利，我就會皺緊眉頭，離這檔股票遠一點。

在我寫作的此刻，電動車製造商特斯拉（Tesla）的本益比為60，本益成長比則為1.8，而且零股利。我想我會把這檔股票留給投機者。

與此同時，網路購物巨擘Amazon的本益比超過100，本益成長比則為8.2。呃……沒錯，或許在Amazon收購其他所有競爭對手之後，這個世界就只剩下它一間公司了。但是光看這些數字，你就知道只要市場有任何一丁點兒的期待落空，就足以讓它的股價遭受暴擊。

在我寫這篇文章的時候，我買進了ME Group這檔股票，沒錯，它在本書的其他策略中反覆出現過。它的本益比為10.5，本益成長比為0.9，股息殖利率為6.5％——這就是能挑起我興趣的數字。

我必須提醒你：市場沒那麼簡單，美好的數字並不代表每一次都能為你帶來美好的收益。然而，如果你能避開那些較高的本益比數值，你也能同時避免買到風險過高、可能會拖垮你投資組合的股票。

倘若你能找到一間擁有低本益比、低本益成長比的公司，而且還有不錯的股息殖利率，那麼你就很有可能成功買到了具有成長空間的股票。

這堂課我學到了什麼？

- 就我個人的經驗來看，「本益比」介於8至18之間的股票非常好。若低於這個數字，該公司的股價就太便宜了，這或許有其原因（像是巨額債務）；若高於這個數字，則代表市場預期該公司會出現巨幅成長。但若是未能符合市場的成長預期，股價就可能會大受影響。
- 「本益成長比」能衡量股價、獲利與預期成長——任何低於1的股票都很好。1.5或2也OK。至於更高的數字……算了吧。
- 除此之外，我也喜歡再加上2.5％以上的股息殖利率。這能讓我能肯定前述的數字確實有其道理。

策略 33

運用「常識」找到特定
產業的獲利機會

　　有些時候，你可以憑著常識，在正確的時機點找到適合投資的產業。同樣的，這種常識或許也能讓你避開（或放空）某些正處於困境中的產業，或者察覺到某個產業的氛圍正在改變。

　　那麼，該如何培養這樣的常識呢？

　　這就是為什麼你應該要持續關注那些會影響特定產業的事件。像是閱讀《泰晤士報》上的短篇新聞，就經常提供我有用的資訊。

　　在你有空的時候，請多瀏覽商業新聞。

　　有時，事情就是這麼明顯。曾經有段時間，我對博奕公司非常感興趣，因為那時美國的當權者打算將這類公司合法化。這些公司對美國市場的成長潛力非常興奮，所以我也開心地買

進相關的股票，並獲得不錯的收益。這個產業甚至還因此出現了幾樁併購案。

但是緊接著，出現了博弈委員會針對該產業進行審查的新聞。政府正試著解決人們迷上賭博並因此欠下一屁股債的情況。各種障礙隨之而來，而且看起來，法律規範似乎會讓這些公司的獲利之路變得困難重重。

就是在這個時候，我決定退出。

但是——事情很有可能再次朝著有利於特定產業的方向發展。

就這個例子來看，或許法律規範並沒有如最初預期那樣沉重。現金很有可能再次滾進博弈公司的口袋，而且大家又開始想著在美國開疆闢土的事了——這個產業很有可能再次獲得市場青睞，我認為這值得密切留意。

烏克蘭戰爭與全球各地的緊張局勢，讓國防產業從2022年開始突然變得炙手可熱。隨著各國政府紛紛打算增加國防支出，國防概念股的股價也應聲上漲，包括我也進場買進了。

當你看到某個產業的公司開始收到併購提案的時候，通常意味著該產業的狀態相當不錯。就國防及軍工股來說，Ultra Electronics這間公司收到了收購要約，就是一個很好的徵兆（太棒了，我有他們家的股票）。這很有可能會引發同產業其他公

司的併購案，再一次推高該公司的股價。

至於什麼時候該出場呢？

嗯，就這個例子來看，我希望烏克蘭與其他地區的緊張局勢能盡快解除，當國防支出降下來的時候，就該考慮收手了。

當然，新冠疫情也讓許多產業陷入困境或獲得意外的發展。當大家被關在家裡時，就會想要改善居家環境，因此DIY這一行變得炙手可熱，如同我在本書其他地方提到的，我的翠豐集團股票就翻了1倍（它是B&Q的母公司）。此外，建築和製藥產業也有許多公司因疫情而受益。

相反的，餐飲和零售業則大受打擊，而做空這些股票的人也能因此獲利。

重點在於，「當市場改變時，你就必須調整策略」。

舉例來說，疫情期間由於年輕人熱衷於在線上購買平價服飾，包括Boohoo和ASOS等公司的股價一路飆漲，繁榮了好一段時間，其他線上服飾公司也幾乎是如此。

然而，不久情況改變了。通膨來襲，運輸成本高得嚇人。同時，年輕人也開始意識到「快時尚」會對環境造成傷害，因此線上購買平價服飾的吸引力已大不如前。

很顯然，這正是獲利了結並趁著這個產業走下坡之際反手做空的時機。Boohoo和ASOS的股價因此受到重創，而我則

因為放空Boohoo而大賺一筆。

　　因此，請仔細檢視一下你的投資組合，以及你所投資的產業──它們還是很受市場歡迎嗎？或者它們開始走下坡了呢？該產業面臨潛在的問題嗎？你是否有處在錯誤產業內的股票？如果有的話，趕快脫手吧！

　　接著，請深入閱讀並思考──哪一個產業可能會引領下一波的熱潮？哪一個產業可能會日落西山？這麼做只需要運用一點點的調查功力、閱讀和常識。

　　無論你想怎麼做，就是不要冥頑不靈地死守著已經失去市場青睞的產業。

這堂課我學到了什麼？

- 只要用心觀察，你就能驚訝地發現：自己其實有能力判斷出各個產業的興衰變化。
- 利用這一點，挑選出那些值得進一步研究的公司（無論是要買進或放空）。
- 一旦你開始針對特定產業進行交易，務必要密切關注，因為局勢可能瞬息萬變。

策略34

每年都能狠賺一波的
聖誕效應（上）

    我相信正在閱讀本章的人，肯定有不少人已經嘗試操作過「聖誕效應」（Christmas rally）——也就是每一年的年底，富時100指數幾乎都會出現的一波成長行情。一般來說，操作這個策略很少會讓你賠錢，但你必須先弄清楚幾件重要的事。

    第一，像這麼簡單的策略，真的能規律地發揮效果嗎？

    是的，沒錯，通常都會成功，但前提是你的心態要夠堅定，了解倘若這招沒效的話，你也早已算過自己所能承受的最大虧損金額——並做到及時停損。

    第二，「聖誕效應」難道不是都市傳說？或者只是媒體拿來騙點閱率所編的故事嗎？

    不，這絕對不是都市傳說。

回顧歷史，富時100指數幾乎總是會在12月下旬開始上漲，有時漲幅還不小，甚至能一路漲到隔年。

為什麼會這樣呢？

沒有人知道背後的真相，但真相並不重要。

有人認為，股價之所以被拉高，是因為基金經理人可以藉此展示更好的績效；也有人認為，這是因為投資人在聖誕節前夕的心情會更快樂、更樂觀。而我的想法是，這個時期大家都喝得太醉了，然後瘋狂地買、買、買，直到在辦公室的派對上用影印機印下自己的屁屁羞恥照為止。

總之，誰會在乎原因呢？反正（大部分的）股價確實都上漲了。

第三件要弄清楚的事，是你該在什麼時候出手？

時間點比你想得還要稍晚一點。

根據統計，富時100指數普遍會在每年的最後10個交易日裡上漲（排除週末與國定假日），這代表在12月10日到15日之間進場是比較好的時機。你可以選擇在跨年當天賣出，不過，這波漲勢通常會繼續延續一陣子，所以你也可以考慮在一月上旬再賣出。

本章的重點在於告訴你如何透過點差交易來獲利。雖說點差交易是英國特有的投資工具，但其他國家的讀者也可以使用

類似的工具，像是下一章會談到的ETF。

點差交易的關鍵，是必須觀察股票會波動多少點，而我們的獲利將取決於每一點的押注金額。

經過多年的觀察，我發現這個時期通常會有300到400點的波動空間。以下的表格，是過去幾年操作這個策略可能會賺到的成果（這只是近似值，假設你在12月中旬買進，並在年底或隔年初賣出）。

年份	富時100指數的聖誕效應
2022	7,300到7,600點 （上漲300點，但進入新的一年後又漲了200點）
2021	7,200到7,500點（上漲300點）
2020	6,500到6,800點（上漲300點）
2019	7,200到7,600點（上漲400點）
2018	勉強打平（0點，亦可能下跌200點）
2017	7,500到7,700點（上漲200點）
2016	6,900到7,200點（上漲300點）

2018年是很難交易的一年——市場波動劇烈，操作這個策略時很有可能會賠錢，或者勉強打平。

　　但是在多數的年份裡，假設你以每1點10英鎊的價格下注，那麼想在這段期間獲得3,000英鎊的收益其實不難。假設你下了重注，例如每1點50英鎊，那麼收益就有可能達到1萬5,000英鎊。

　　我最好的成績是賺了大約2萬5,000英鎊。但我在2018年做得很糟，我依稀記得賠了大約4,000英鎊。

　　你的下注金額取決於你的本金有多大，以及倘若那一年出現了最壞的狀況，你能承擔多少損失？

　　好消息是，倘若你能善用「保證停損」這個機制，那麼你就能控制好自己的虧損範圍。

> 說到停損，要我強調多少遍都可以：請務必記住，富時指數的波動非常大。你必須設置較大的停損範圍，否則即使市場整體的走勢一如你的預期，你還是有可能在波動過程中被洗出市場。

　　舉例來說，假設富時指數為7,000點。你在7,000點時下注，每點10英鎊。那麼停損點應該設在哪裡呢？嗯，如果你不想被洗出場，我認為至少要保持300點的距離。設個50點、100點或150點的停損，一點意義也沒有，因為富時指數的波

動輕輕鬆鬆就能超越這條線——然後再繞回來——留下一個爛攤子給你。

倘若你採用的是「保證停損」，那麼在最糟的情況下，你可能會賠3,000英鎊（300點乘以每點10英鎊）。

假設一切順利，在聖誕節當天，富時指數來到了7,200點。那麼你就可以把自己的停損點拉高到損益兩平的7,000點。從帳面上來看，你已經賺了2,000英磅。

接著，到了跨年夜當天，富時指數來到7,300點，這時你已經賺了3,000英鎊——你可以選擇在此時獲利了結，或者你認為這波漲勢可以延續到新的一年，那麼也可以把停損點再提高到接近當前的點位，像是7,150點。這樣一來，即使最壞的狀況發生，富時指數崩跌，你還是可以賺到1,500英鎊。

這個作法能讓你贏得更多的利潤。假設漲勢延續到隔年一月，富時指數來到7,500點，那麼你當然可以再一次把停損點往上調，這一次可以更靠近當前的點位，像是7,400點。

最後，在某個時間點，你的停損點會被觸發，而你會帶著一筆可觀的收益出場。[1]

1　如果你想了解更詳細的點差交易下注方式，可以參閱我的《在家投資致富術》這本書，裡頭會有更詳盡的技術性解說。我操作「聖誕效應」時偏愛的交易平台為SpreadCo（www.spreadco.com/nakedtrader），因其點差只有0.8點（多數平台的點差似乎都是1點）。儘管如此，交易前請親自確認清楚，畢竟沒有什麼事是不會變的。

這堂課我學到了什麼？

- 想清楚你能承擔多大金額的損失，然後依此設定你的停損點。
- 確認停損點與指數之間保有一定的距離。
- 倘若一切順利，可以逐步拉高你的停損點。
- 不要賭身家，以免今年偏偏是這個策略失效的一年。

每年都能狠賺一波的聖誕效應（下）

上一章我們討論了如何利用點差交易來操作聖誕效應，但是假如你不熟悉點差，而且連碰都不想碰這個東西呢？或者你所在的國家並沒有這種交易工具呢？

有一個相對簡單的方法，可以讓你透過一般的ETF來參與聖誕效應的行情。

該怎麼做呢？

就跟前述的點差交易一樣，我們也先假設富時指數有望上漲300到400點，但這裡我們不是賭它每一點的漲幅，而是買進一檔名為3UKL的ETF（即WisdomTree FTSE 100 3x ETF）。你只需要在你慣用的交易平台上搜尋3UKL，就能輕鬆找到它。你可以把它放到即時監測的視窗上，觀察它走勢的跳動。

所謂的ETF，是一種能像股票一樣交易的基金。ETF代表的是「指數股票型基金」（exchange-traded fund），我猜你早就知道了。

而3UKL這檔ETF的特點是：倘若富時100指數上漲，這檔ETF就會以更大的幅度上漲——漲幅大約是富時100指數的3倍。

假設你在富時指數7,000點的時候，買進這檔ETF，而聖誕效應讓指數一路上漲到7,400點，漲幅約6％。倘若是做上一章的點差交易，你已經賺到本金的400倍。但若你買的是3UKL，你大約會賺到18％。以短短幾天的時間來說，這個績效已經相當不錯了。

我們繼續以這個例子來討論。

你以買股票的方式買進了這檔ETF。在富時指數7,000點的時候，這檔ETF的價格約在299.5到300便士之間。你買進3,000股，本金為9,000英鎊。交易成本非常低——基本上就跟交易股票的手續費一樣，而且還不用付印花稅。

當富時指數上漲6％之後，這檔ETF的價格也跟著上漲了18％。現在，原本的9,000英磅本金，已經成長到10,620英鎊左右，獲利約為1,620英鎊。

由於ETF是每日結算，因此你可能無法獲得完整的3倍槓

桿效果，但短期內的差別不會太大。

現在，假設今年的聖誕效應沒有出現，情況會如何呢？

跟點差交易一樣，你也可以設定停損點。假設你設了一個
10％的停損點，也就是270便士。那麼最壞的情況，你會賠掉
大約900英鎊。

同樣的，若行情如你所願的上漲，你也可以把停損點拉高
到損益兩平的位置，或隨著指數繼續攀升，把停損點控制在獲
利區間之內。倘若這波漲勢一直延續到隔年，你可以繼續持
有，並逐漸收緊停損點——直到最終在獲利了結的狀態下出場。

持有一檔ETF不需要負擔每日或其他費用，這點與點差交
易不同，後者每天都會產生一定的持倉成本。

採取這個策略，或許會讓你有點擔心。畢竟嘗試新策略或
新的交易工具時，會緊張是很正常的。你可能會問自己：我會
不會賠光這筆錢，甚至會賠得更多？

不，不是這樣的。這個策略就跟你買股票一樣，只不過，
這檔「股票」會跟著富時指數同進同退罷了，而且漲跌表現會
放大3倍。倘若你不想要賭點差，那麼這個策略的放大效果能
顯著提高你的獲利機會。

順帶一提，或許你會想要點差跟ETF兩頭賺，我自己就是
如此。也就是說，你可以一邊操作上一章提到的點差交易，一

邊透過 ISA 個人儲蓄帳戶買進 ETF。這樣一來，你的兩個帳戶都能賺到錢。

　　面對這些策略，你可能會問：我贏錢的機率有多少？我可以告訴你，相當高，我認為勝率指少有八成以上吧。而且若你買的是 ETF，只要你設好停損，那麼損失空間真的非常有限。

這堂課我學到了什麼？

- 即使不做點差交易，你依然可以透過 ETF 參與聖誕效應的上漲行情。
- 請確保自己設好停損點，準確限制虧損的幅度。畢竟還是有可能，今年的聖誕老公公沒有來！

策略36

聰明運用點差交易的
免稅優勢

　　倘若讀到本章的你就住在英國，我猜你大概早就研究過點差交易，或許也實際做了幾筆交易，還可能因此繳了一些學費。（倘若你不是住在英國，你也可以跳過這一章⋯⋯不過這章也不長就是了。）

　　或許你能合理的利用點差交易的機制，把它當作你節稅策略的一部分——若真是如此，請收下我的至高無上的敬意。因為這麼做確實可行！許多人把點差交易視為是賭博，排斥、碰都不想碰它。嗯，好吧，畢竟「點差交易」（spread betting）這個詞，裡頭就有「賭博」（betting）這個字。你當然不想賭，你想要投資。

　　然而，點差交易其實也是一種投資方法，而且對全職交易

者來說，這種方法相當實用。你可以把它當作是一個額外的ISA個人儲蓄帳戶。以下是具體的操作方法。

假設，你打算拿15萬英鎊進行投資。你已經交易了3年，並將其中的6萬英鎊放到免稅的ISA個人儲蓄帳戶內（每年2萬英鎊限額的3倍）。這麼做挺不錯的……但剩下的錢該怎麼辦？如果你在一般帳戶（非ISA帳戶）中的投資收益超過了規定的額度（2023至2024年為6,000英鎊，之後則為3,000英鎊），那麼黑幫……不，我是說政府就會以資本利得稅的形式，逼你吐出部份的錢。（奇怪的是，當你投資虧損的時候，政府不會給你任何補償，對吧？）

這就是點差交易的用途。它可以成為你的另一個ISA個人儲蓄帳戶。

但這兩者肯定不會完全一樣吧？你錯了！點差交易可以做到幾乎與ISA帳戶一樣的效果。重點在於：除了下注的方式，點差交易跟ISA帳戶內的投資，幾乎沒什麼差別。

確實，在做點差交易時，你不會持有實際的股票——股票是由點差交易商持有，但你所獲得的收益與持有股票時完全相同。你會收到股利，就跟在ISA帳戶中收到的一樣，收到的速度甚至更快（你會在除息日當天收到現金股利，而不像ISA那樣需要等上六週才會收到）。倘若公司有增發新股（rights issue），你也有權認購。兩者幾乎沒有任何差異，除了……下注方式。但是，當你理解了1,000股其實相當於每1點10英鎊、而5,000股就相當於每1點50英鎊、以此類推時，你的腦袋很快就能轉換過來。

我曾在研討會上告訴為此困惑的學員，假如他們想買進某檔每股2英鎊的股票1,000股，那麼只要單純在點差帳戶的買進欄位上輸入2,000，然後拿掉兩個零即可。這就是你每一次操作的方法——拿掉兩個零。20英鎊就等於2,000股。

一旦你買進了2,000股，這些股票實際上就屬於你的了——你享有全部的權益。

再來討論點差交易的費用，在買進和賣出的時候，你必須多付一點點的費用（這就是點差交易商賺錢的方式），但不需要任何手續費或印花稅。如果你選擇每日下注（daily bet, DFB），那麼持有價值達數千英鎊的股票，每天可能僅需花費約15便士。或者，你也可以選擇季度交易，這樣在長期持有時，額外費用會更少。

若你想了解更多細節，可以進一步閱讀我的舊作。但總括來說，以點差交易的方式長期持有股票，雖然會隨著時間增加些許成本，但費用其實不多，尤其考慮到你不需要支付稅金，這點成本就顯得微不足道。

　　因此，點差交易非常適合做波段。你可以持有一筆交易長達四週，僅需支付少量的點差費用，沒有額外的手續費或印花稅。這太棒了！

　　你的「點差個人儲蓄帳戶」（我喜歡這麼叫它）還有一個優點，就是能提供更精準的停損。點差交易商通常能更準確地執行你的停損設置。ISA帳戶的券商執行速度會較慢，容易導致滑價（slippage）[1]出現——這在點差交易中鮮少發生。此外，你還可以透過點差交易做空股票，這也是ISA帳戶做不到的。再重申一次，這也是免稅的！（當然，如果你不喜歡做空，那就不要做。這只是一個額外的選擇。）

　　最後，點差交易商還提供了另一個好處……但我不建議你使用。那就是「保證金」。換句話說，倘若你買進一檔價值2,000英鎊的股票，你的帳戶只要有大概500英鎊就夠了。這代表如果你在點差帳戶內存入2萬英鎊，你就能買進價值3萬英鎊，甚至價值更高的股票。

　　千萬別這麼做！有多少資金，就買多少股票，千萬不要試圖開槓桿。即便是一點點，都不可以！用不屬於你的錢做交易

1　意指交易的執行價格與預期價格之間的差異。當市場波動迅速或流動性不足時，實際成交價可能與下單時的價格不同，造成預期的利潤或損失變化。

會改變一切，而且可能會帶來大麻煩。請始終將你的每點英鎊價格，視作是等同數量的股票。換句話說，你在巴克萊（Barclays）[2]以每1點20英鎊買進的股票，就等同於2,000股。

還有，心態很重要。你必須把點差帳戶視為是另一個ISA帳戶，然後比照管理ISA帳戶的方式去運用它。對那些想以其他方式來操作點差帳戶的人來說，陷阱真的非常多。

有些時候，人們會過度擔心自己持有某些東西一個月後，會產生多少費用。真的不用擔心。費用並不多——只需要想想你能透過交易賺到多少錢就好。

有些人很容易在點差帳戶中過度交易，或者買進高風險股票。雖然說點差交易的設置本來就是為了方便大量下注和使用高額保證金——但這些做法絕對無法讓你在交易中致富。

倘若你發現自己是用不同的心態在操作點差帳戶，例如過度交易或過度冒險，那麼你最好立刻關掉這個帳戶。因為這種

2　一間全球性的銀行和金融服務公司，總部位於英國。

行為會激發你的賭徒心態，進而危害你的每一筆交易，而且非常致命。請立刻停止，關掉帳戶，再也不要打開。你心底會知道，那樣的你並不是你。

　　最終，你或許會驚喜地發現點差帳戶居然能發揮這麼棒的效果。正確使用它，它就會像是另一個ISA帳戶，能讓你進行更多免稅交易。

這堂課我學到了什麼？

- 許多人在點差交易中虧損，因為他們把它當作賭博帳戶來使用。但實際上，你可以把它當作是ISA個人儲蓄帳戶來運用。如果你已經用完了每年的ISA帳戶額度，或者你希望在做空操作上有更多靈活性，那麼點差帳戶就是一個很好的選擇。
- 唯一的區別，就在它下注的方式。請記住：1,000股等於每1點10英鎊、5,000股等於每1點50英鎊，依此類推。
- 永遠不要使用保證金去交易。免費的錢總是藏著陷阱。

策略 37

用經營事業的態度
面對你的交易

我曾遇過很多夢想成為一位交易者的人,他們經常會說:
「交易會成為我閒暇之餘的樂趣。」

不,這不可能!

無論你擁有的資金是 5 英鎊或 500 英鎊,你都應該要把交
易視為是一門事業。如果你把交易當成是一種興趣來看待,下
場肯定會很慘。

 每一筆買賣都必須深思熟慮

交易可不是一件讓你尋開心的事,我們討論的可是你的血
汗錢。我敢說你肯定為了這些錢辛苦工作過。

當你把交易視為是一種嗜好，你賺錢的機率就會大幅降低。因為你不會為此擬定適當的計畫，也不會在損失出現時及時停損，你甚至可能犯下所有可能的錯——因為對你來說，這不過是一個消遣而已。

倘若你是經營一門生意的老闆，那麼你一定會時刻牽掛著成本、確認帳務，仔細審視那些讓你必須掏錢的地方。這就是身為交易者必須具備的態度。

股票是屬於你的。你買股票的目的是為了賺錢。假如你是餐廳老闆，你肯定會慎選食材，確保餐廳能賺到錢。

假如你把餐廳的經營當成是一種閒暇時刻的興趣，事情就不妙了。你可能會去買一些老古董，然後再悠哉地想著該拿這些東西怎麼辦。

許多年前，我曾經營一間咖啡店，並在店裡的辦公室內買賣股票。當時經常會有人上門來向我推銷東西，從肉品、蔬菜、咖啡，到辦公椅、冰箱，什麼都有，什麼都不奇怪。而我的任務，就是用合理的價格，為我的店採購優質的商品。

買賣股票也是一樣。如同經營一門生意，你必須學會以合理的價格購買優質商品。你所做的每一個買進或賣出的決策，都必須經過深思熟慮。

全權掌握每一筆交易

我一定要跟你談談所謂股票的「小道消息」。很多人會因為網路上一個自己完全不認識的人給出的「建議」，而決定買進一檔股票。

這就像我以前在經營咖啡店時，正在思考哪種水果冰沙價格合理又好喝的時候，突然有個陌生人闖進來對我說：「沒錯，選這款就對了！」

我真的要聽他的建議嗎？

身為交易者，你其實就像是一名基金經理人。請確保每一筆交易都是你自己的決策，而不是出自某個網路上的傢伙，或者是在餐館偶遇的路人。

身為運作一筆資金的經理人，你必須全權掌握自己的每一筆交易——就此刻而言，就是你的股票。你應該要能隨時掌握自己的現況，你想在什麼價位買進？想在哪個價位賣出？

你應該密切關注各種新聞——任何有可能影響市場對你投資組合內某檔股票的消息。

就我記憶所及，過去我在經營咖啡店所遇到最困難的事，就是必須開除某些員工。他們之所以被開除，通常是因為他們的表現不佳。老實說，剔除某檔表現不佳的股票，遠比開除某

位員工來得輕鬆多了！

　　尤其是當你的員工是空手道黑帶高手的時候，你只能做好隨時得鑽進桌子底下，或從逃生門落荒而逃的準備，避免自己落進他的宰殺範圍內。

　　真的，把你的投資組合當作一門生意來經營，其實遠比經營一門生意簡單多了。這也是交易的魅力之一。

　　無論如何都不要忘記：交易是一門生意。

　　這可不是一種嗜好或社交活動。不要被太多推特帳號、網路社交圈或其他任何東西所誘惑，否則你注定會失敗。

　　既然是經營一門生意，你就必須保持強勢，果斷地執行自己的計畫。

這堂課我學到了什麼？

- 把交易視為是一門生意。唯有如此才能保持紀律和嚴謹。
- 隨時掌握自己的「庫存」狀況──也就是那些你買進的股票。你必須以合理的價格買進高品質的股票，並且知道自己準備在什麼價位賣出。
- 我並不是說你不能從交易中獲得樂趣，但賺錢才是最重要的事──這樣你才能用獲利來享受生活。不要把交易當作是娛樂活動，這是一門生意！

策略 38

如何在股海中篩選出閃閃發光的寶石

　　我向來認為，「篩選股票」是發掘新投資對象的最佳方式。為什麼呢？

　　因為老實說，要想找到一檔能為你帶來至少20％報酬的股票，就像是大海撈針。然而，如果你使用正確的篩選工具，搜尋過程就能輕鬆不少——就像拿了一塊磁鐵放在海面上。

　　從心理面來看，「篩選」也能給你很大的幫助。倘若你總是依賴雜誌、股市大師、網路論壇等管道來選股，那麼你就是讓自己暴露在「確認偏誤」及其他人的影響之下。

　　舉例來說，假如你因為論壇中的某個人買了某檔股票而跟著他買，接下來你就勢必得緊盯他的一言一行。如果你打算賠錢賣出，可能會因為他們說了「繼續加碼」之類的話而打消賣

出的念頭。

相對的，假如你是透過篩選機制來選股，你就能排除一切噪音，專注在冰冷的數字上。

要做到這一點並不容易。畢竟人類是群居動物，總是希望有人來帶領我們（即使是栽進誘惑裡）。但抑制這樣的本能非常關鍵。請最大限度地限制自己瀏覽網路論壇之類的討論區，並透過篩選機制來選股。

倘若你能憑一己之力找到一檔股票，並制定自己的交易計畫，那麼你賺錢的機率就會提高很多，因為當這檔股票表現不佳的時候，你會更願意及時停損。

至於篩選的標準有哪些呢？

先前我們已經討論過價值與動能的結合（請參閱「策略29」）而以下是幾個我認為相當實用的篩選標準。

這些工具多數都需要多花一點錢才能使用，但它們也都可以提供你免費試用。

不幸的是，你確實必須要花一點錢才能好好經營自己的交易事業。你可以把這當作是創業成本，至少你不需要買一大麻布袋的咖啡豆。

Stockopedia 的股票篩選機制

先前我們已討論過Stockopedia網站的「價值／動能」篩選頁面，現在讓我們來看看其他篩選方法。

傑嘉迪許和堤蒂馬

打開Stockopedia，在「Guru Screens」（大師介面）下點擊「Momentum Investing」（動能投資），再點選「Price Momentum Screen」（價格動能）。

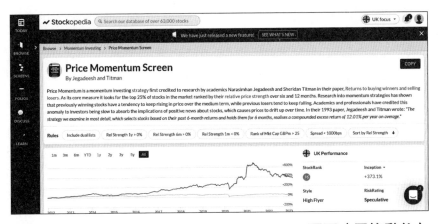

Stockopedia的Price Momentum Screen頁面（價格動能）

　　這就是傑嘉迪許和堤蒂馬（Jegadeesh and Titman）[1]的篩選機制——聽起來就像是某個流行搖滾樂團的名字。「現在，女士與先生們，讓我們熱烈歡迎……傑嘉迪許和堤蒂馬！」

　　這個頁面會根據相對價格強度，列出市場上表現最強的前25％股票。過去我曾透過這個篩選機制，找到很不錯的靈感。基本上，這個排名就是找出市場上漲勢最強勁的股票（當然，請忽略所有出現的雞蛋水餃股）。

　　你的時間很寶貴，所以請先從排名最前面的股票開始著手。請確保自己不會買到那些看似不錯、但因動能推動而已經漲過頭的股票。然後請像平常一樣，對它們進行必要的研究與分析。而這個篩選機制，能幫助你找到那些有明確上升趨勢且還有更多上漲空間的股票。

頂尖股票排名

　　Top StockRanks（頂尖股票排名）是另一個能幫助你找到潛在交易對象的篩選機制。這個排名是根據Stockopedia系統針對股票的品質、價值和動能所做的綜合評分，挑選出表現最好的股票。

1　Jegadeesh和Titman是兩位金融學者，他們在1990年代初期發表一篇關於「動能投資策略」的開創性研究，因而聞名於世。

　　我要提醒你的是：這並不代表這些股票一定很棒，你要從股海裡撈的可是一根有如黃金般珍貴的針。

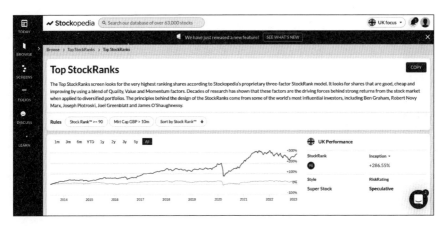

Stockopedia 的 Top StockRanks 頁面（頂尖股票排名）

🤔 超級股票

　　另一個發掘理想標的的方法，就是點擊 StockRank style（股票排名類型）下的 Super Stocks（超級股票）。這個篩選機制應該也能幫助你找到一些值得深入研究的對象。

Stockopedia 的 Super Stocks 頁面（超級股票）

　　在 Stockopedia 網站上，有大量的篩選機制——請耐心地尋找最適合你交易風格與思維的篩選方式。同時，請記住：只要你願意自己篩選股票，而不是依賴那些你不認識的人（這些人很可能是瘋狂的賭徒），光憑這一點，成功就離你更近了。

ADVFN 的股票篩選機制

　　在我常用的 ADVFN 網站上，也有一些有趣的篩選機制，我也非常推薦。

　　首先，你可以在它的首頁上點擊「Toplists」（熱門清單），接著點選「Premium Toplists」（高級熱門清單）。這部分是需

要付費的，但在我寫作之際，它的收費並不高。如果你打電話給他們，報上我的名字，他們也有可能會給你不錯的折扣。當然，如果你是在2033年的書店大拍賣中買到你手上這本書，那麼他們可能會翻白眼地回你一句：「羅比是哪位？」

找出「52 週突破」的股票

ADVFN網站的「Breakout」（突破）列表，是一個相當不錯的清單。你可以點擊「Period」（期間），然後將參數設為52週。忽略「Variance」（變化）和「Date」（日期）這兩欄。

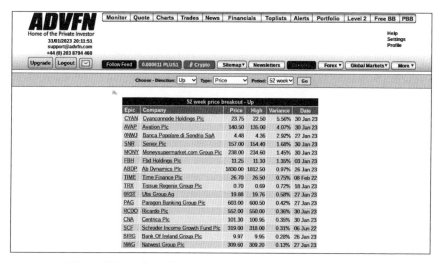

ADVFN 的 52 週突破列表

　　你可以隨機從中挑選幾檔股票（除非你熟悉它們）。這個清單上全都是突破過去價格區間的股票，而這或許指出這些股票正在發生某些事。至少，這能幫助你捕捉到一些可能暗示著好消息或即將發生的變化。

　　然而，其中也可能藏著幾檔假突破的股票——它們會短暫的躍上清單，隨後便反轉下跌，因此你必須緊盯其後續發展。若真的碰到這種情況，跑為上策。

　　事實上，參考52週突破清單的最佳時機點，就是在整體行情已連續下跌數天或數週之後。因為一檔股票能在市場低迷時還能有所突破，必然有其原因。

　　這個方法還能幫助你在不景氣中，找到那些逆勢上漲的產業。你可以點擊下拉選單，找到「Volume」（成交量）。這個指標能幫你挑出成交量比平常更大的股票。當一檔股票有大量的買盤進場時，就很值得你參考。

　　倘若你有在做空，可以點擊第一個下拉選單，然後選擇「Down」（下降）。再確認中間顯示「Price」（價格）的下拉選單。這個篩選機制會幫助你找出那些表現不佳、跌破重要支撐價位的股票。而這往往預告著更壞的情況即將來臨，是絕佳的做空對象。

📝 找出「持續上漲」的股票

　　我也很喜歡「Constant Gainers」（持續上漲股）這個篩選機制。這個清單能篩選出那些可能在悄悄上漲的股票，它們的股價往往會慢慢地碎步爬升。

　　你可以先找出那些連續數天上漲的股票，從那些連續上漲天數最多的股票開始回溯，如此一來就可能發現一些正緩步上漲的股票，這或許代表其背後有買盤在動作。

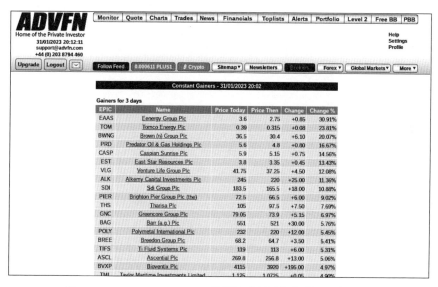

ADVFN 的 Constant Gainers 頁面（持續上漲股）

🔍 找出「持續下跌」的股票

如果你正在尋找可以放空的對象，那麼可以點擊「Constant Fallers」（持續下跌股）。這個篩選機制會找出那些股價每天都在緩步下跌的股票，很值得你瞧一瞧，說不定你的持股就出現在其中。若真是如此，而且已經持續一陣子了，你就有必要重新思考自己的策略。

ADVFN的Constant Fallers頁面（持續下跌股）

看看你是站在贏家或輸家那邊

ＡＤＶＦＮ網站還提供幾個實用的免費篩選功能。例如「Percentage Losers」（輸家股百分比）和「Percentage Gainers」（贏家股百分比）。在股市開盤之後，點擊這些列表，確保你的持股沒有出現在輸家俱樂部的名單上。相反的，假如你的股票出現在贏家名單上，那就太棒了。

參與這類「贏家股」的漲勢，你必須進行快速的調查，但同時也要避免操之過急。

在面對「輸家股」時，或許你會心想：「噢，這檔股票已經跌掉30％了，差不多該反彈了，我可以趁機賺一波了！」但這類股票也有可能會繼續下跌，因此務必一如以往的慎重以對，不要做出過於匆促的決定。

或許多數時候，你可以考慮在週末等市場休息的時候，再來瀏覽這些篩選指標，讓自己有充裕的時間進行調查並放鬆心情。別忘了，你的目標是在一堆實際上不怎麼樣的股票裡，找出那檔閃閃發光的黃金股。

這堂課我學到了什麼？

- 「篩選」是一種很棒的選股方式，它能剔除人為因素（以及隨之而來的確認偏誤），讓你專注在冰冷可靠的數字上。

- 某些篩選服務需要花一點小錢，但你可以先免費試用看看。

- 篩選工具能幫助你發掘潛在的交易對象──但你仍需要像平常那樣針對一間公司進行調查。多數篩選出來的公司最終都可能被你刷掉。

- 在市場休息時選股，能減輕你的心理壓力。慢慢來。我們要找的，是非常特別的對象。「篩選」只是一種捷徑，你找到的並不是一份立即要交易的名單。

策略39

買進站在浪頭上的股票並向上加碼

先前我們討論過跟轉機股有關的策略（請見「策略19」），以及當你買進那些大幅下跌的股票時必須格外謹慎。

我通常更傾向買進那些強勢上漲的股票，並在上漲過程中逐步加碼。

換句話說，就是在股價上漲時持續買進。最主要的原因，是因為這檔股票肯定發生了什麼好事，或許是公司的狀態有所改變，或者是它所屬的產業出現強勁的發展。

一想到有那麼多人喜歡逢低加碼、買進那些業務出現問題而下跌的股票，而不是去加碼那些狀況良好、股價持續上漲的股票，就讓我百思不得其解。

　　許多人非常喜歡那些「有跌深反彈機會」的股票，因為他們認為這是在「撿便宜」。相較之下，那些已經上漲一段時間的股票就沒那麼受歡迎了。因為投資人多半會認為：「這檔股票已經漲上去、我錯過買進時機了。」

　　最好的例子就是H&T公司（英國最大的當鋪）。你可能會在上一章提到的「突破」篩選頁面中，以375到400便士的價格發現這檔股票。即便這個價格看起來有點高，但它依然會繼續向上攀升，甚至突破高點再漲15％，請見下圖。

H&T──當鋪界的天花板

　　這是因為市場的反應通常會比股價走勢慢一步。所以，一檔股票的上漲趨勢往往能持續得比市場預期的還久。

　　當然，請確保你買進的公司，即使在股價上漲之後，依然具備良好的投資價值。

　　當我買進一檔股票之後，只要發現它的價格維持上升趨勢，我就會繼續買進——也就是向上加碼。很多人不喜歡這麼做。

　　他們的想法是：「我先前買它時的股價更便宜，現在股價那麼貴，我幹嘛要花更多錢買？」

　　嗯，如果你認為它是一檔好股票，而且人們確實注意到它了（正如股價反映的那樣），那麼，為什麼你不買呢？

　　舉例來說，我從 2021 年 6 月開始，以 2,068 便士的價格，開始買進國防公司 Ultra Electronics。

　　這檔股票一直在上漲，而它所屬的產業更是非常火熱。於是，我在 2,350 便士的價位加碼買進，即便股價已比我第一次出手時高出許多。

　　當一間公司的基本面出現變化時，市場會不斷地重新評估它的價值。最終，當這間公司的股價來到 3,500 便士的時候，成為其他公司收購的目標，請見下圖。

　　在我寫作之際，最新的案例是 Ricardo 這間工程顧問公司。

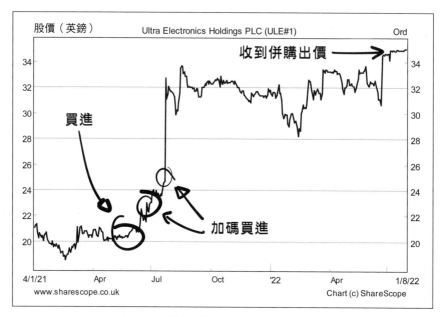

股價（英鎊）　Ultra Electronics Holdings PLC (ULE#1)　Ord

收到併購出價

買進

加碼買進

www.sharescope.co.uk　　Chart (c) ShareScope

Ultra Electronics——非常優秀

　　我在2022年7月以392便士的價格買進，儘管當時它已經從320便士漲上來了，請見右圖。隨著它繼續上漲，我又在415、420便士的價位繼續加碼。當它的股價突破450便士時，我把以392便士買進的停損點拉到400便士，又把在415、420便士買進的停損點拉到420便士，也就是損益兩平的位置。如果它繼續上漲，我就會再次拉高停損點。

　　當然，這個加碼策略並不是每一次都能奏效。例如，我曾以150便士的價格買進一檔名為Gattaca的股票（請參閱「策略

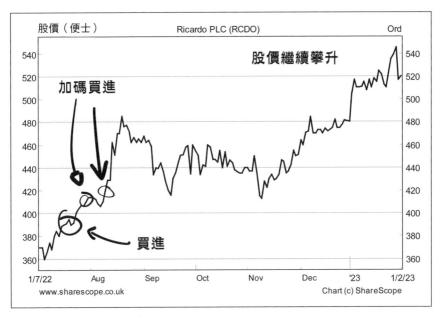

Ricardo——獲利保證

24」），然後在200便士時加碼，最後卻被迫出場。雖然有停損點的保護，但我對加碼策略過於自滿，因此忽略了一些警示訊號。

　　倘若你想要向上加碼，那麼其中一種相當實用的作法，就是用不同的帳戶去買進新股票，就像上圖中我操作Ricardo的加碼一樣——我在股價392便士時進場買進，然後在415便士時用另一個帳戶加碼買進，然後把這兩筆交易分開管理。你可以為這兩筆交易設置不同的停損點，或許加碼的部分最終賠了

錢，但最初的那筆交易依然可繼續保留。

不要只是因為某檔股票正在上漲，就去買它。你還是要像平常那樣進行充分的調查，確認這檔股票真的值得投資，或僅是延續上漲的動能，背後沒有實質的價值。

在選擇快速上漲的股票時，你也可以採用《龍穴》中策略（請參閱「策略28」）——彼得·瓊斯對股價上漲後的估值還會感興趣嗎？

這堂課我學到了什麼？

- 買進處於上漲趨勢的股票（包括你手中的持股），是比較好的做法。顯然這些股票的表現良好，而且人們也注意到它了。可喜可賀！
- 這種方法比試圖挑選那些即將反轉的股票更為可靠，儘管對某些人來說，這個做法在心理上會讓人有些抗拒。
- 你可以考慮在不同的帳戶中操作向上加碼，這樣能更清楚地觀察每筆交易的表現，並為其設置不同的停損點。

策略 40

慎選跌深（不一定）會
反彈的轉機股

投資人都喜歡觸底反彈的股票，但若你知道有多少錢都賠在這些股票上面的話，你就能判斷這並不是什麼好策略。

為什麼我們都愛在這些股票上面賭一把呢？

價格的崩潰往往會讓人們失去理智，卻又同時覺得自己非常理性。一檔股票之所以會暴跌，是因為出現某些不好的問題。與其接受這個現實並尋找其他值得投資的公司，人們卻經常想著：「噢，這檔股票之前值400便士，現在卻只要80便士，簡直是跳樓大拍賣。我要買！我要買！這檔股票一點都不爛——我是在為日後的反彈做準備。」

我們告訴自己：「你看，這檔股票可以爬到這麼高欸！就算最後它只反彈到原本一半的價位，我還是賺了1倍！」

這種誘惑實在太大了——對某些人來說，尤其是如此。我遇過一些投資人，他們專找這類觸底反彈的股票。他們認為投資就該像是這樣。但是……我必須老實告訴你，那些曾經遭受重創的股票，極有可能不是什麼「轉機股」，而是會繼續向下沉淪（而且沒有下限）的特爛股。

多數股票之所以會下跌，都是有其原因的。而一檔股票之所以會暴跌，往往不會只有一個原因。

我曾在研討會上遇到一個傢伙，他就是控制不了自己，總是只買那些暴跌超多的股票。他幾乎把所有的資金都投入在 AA 公司（從 400 便士跌到 35 便士）、Carpetright（從 700 便士跌到 10 便士）之類的股票上。

「這些股票肯定會反彈的，」他如此堅信地說道。只要出了問題，他就怨天怨地，就是不怨自己。最後，他甚至把一切都怪罪到「這是川普（Donald Trump）的陰謀」上。

我偶爾也會買進具有復甦潛力的股票，但我更喜歡那些持續上漲的股票——雖然某些千載難逢的觸底反彈股，確實能帶來回報。容我再次強調，我說的是「千載難逢」！但多數時候，

那些一路暴跌的股票，總是會一路向下⋯⋯然後就這麼從市場消失了。

那麼，我們該如何挑選值得投資的觸底反彈股呢？

1. 首先，你必須釐清到底是什麼樣的問題，把這檔股票推到今天的谷底？那些問題解決了嗎？真的有可能被解決嗎？倘若問題是外部因素導致的，那些因素依然存在嗎，或者還有可能捲土重來呢？
2. 其次，公司的財務狀況如何？債務有暴增嗎？會需要以更低的股價來募集資金嗎？

 ## 避開股價沒有最低，只有更低的危機股

舉例來說，連鎖電影院公司Cineworld的股價，在2020至2022年間不斷下跌。當然，過程中偶爾會出現略為的反彈。許多人想的是：「在疫情過後，觀眾會重新回到電影院，而且○○七的新電影要上映了，再加上你看看，這一桶桶的爆米花居然可以賣到10英鎊耶！」

但我覺得它很明顯不是什麼觸底反彈股，股價還有可能會跌得更低。為什麼呢？

因為它的債務問題。

儘管Cineworld預測它在2023年會轉虧為盈，但它的淨債務——準備好了嗎——將近90億英鎊。沒錯，我說得就是90億英鎊！

很明顯，這間公司要不是直接破產，就是必須得募集超級巨額的資金，而這也代表它的股份會被稀釋，股價也會進一步下跌，請見下圖。

另一個值得考量的威脅，則是串流影音的訂閱服務。隨著

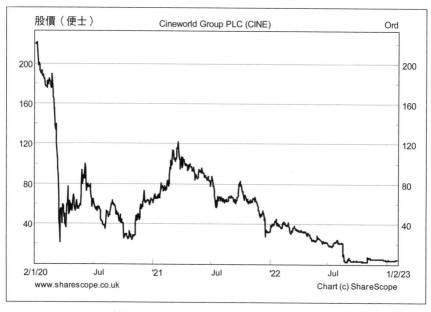

Cineworld──熱烈下映

線上觀看高畫質電影和電視節目越來越容易，未來走進電影院的人恐怕會越來越少。

如果你打算投資一檔觸底反彈股，記住要確認公司的債務狀況、是否有破產的風險？它需要更多資金嗎？

你可以在 Stockopedia 網站上確認一間公司的破產（Bankruptcy）指標。倘若看到「Distress」（災難）這個字眼，就要特別小心。

買進債務低、現金水位高的觸底反彈股

那麼，有哪些指標能幫助你找到真正有潛力的觸底反彈股呢？

我會鎖定那些狀態有所改變（好轉），且債務較低，或擁有一定現金量的公司。我的其中一個實例就是國防公司 QinetiQ。當大眾開始擔憂國防預算可能會減少之後，該公司的股價便從 400 便士，跌到 250 便士。

儘管如此，250 便士看起來似乎很划算。因為政府宣布將延續國防預算、該公司也宣布拿到新合約……最棒的是，他們手中還有大量現金。

就我來看，這是一檔具備所有上漲條件，只缺臨門一腳的

股票——我覺得自己能自信地出手，請見下圖。

QinetiQ——信心（與現金）兌現

　　再來看一個「絕對不要買」的例子——網路地產仲介公司
Purplebricks。這間公司的股價從 400 便士一路掉到 30 便士，
請見右圖。即便董事會出手買進自家公司的股票，它看起來仍
然毫無吸引力。為什麼呢？

　　因為該公司的狀況並沒有任何改變。那些想賣房子的人似
乎依然不怎麼想把自己的房子，交給這間公司。大家還是喜歡

有實體店面的房仲公司。Stockopedia網站的破產指針始終如
一地對它指著「Distress」（災難）。

Purplebricks──小心災難！

　　想把握住股價復甦的機會，你必須明確地知道，「為什麼
這間公司有復甦的可能」──無論是因為它的債務很少，或是
它的淨現金很多。

　　千萬別只是因為它的股價暴跌了85％，就誤以為它值得入
手，忽視它高額負債和毫無改善的營運狀況！

這堂課我學到了什麼？

- 股價會跌都是有原因的。但只要公司的問題獲得解決，復甦就有其可能。
- 確認所有問題都已經獲得解決，同時確認公司的財務狀況沒有問題。
- 不要被虛假的復甦所迷惑。即便股價短暫回升，滿腔熱情也無法改變高額負債這類根本性的問題。
- 你要找的是那些狀況有所改善，且債務很低、現金很多的公司。

策略 41

養成理性且合乎邏輯的 「選股眼光」

我經常建議我的讀者,把自己想像成是美劇《星艦迷航記》中的史巴克先生[1]。換句話說,就是你必須保持理智、沉著、冷靜和鎮定。

那麼,理性的史巴克先生一定會思考的問題是:你打算購買的這檔股票具備了什麼樣的催化劑,能讓股價爬得更高呢?

每當我看到某些投資人去買一檔不具備任何能讓股價在未來、像是一直到隔年後,還能大幅攀升的股票,我就會真心感到困惑。

---

1 美國科幻影集《星艦迷航記》的主角之一,在企業號星艦上擔任科學官及大副。史巴克是來自智慧外星的類人類族群,以信仰嚴謹的邏輯和推理、去除情感的干擾而聞名。

投資人並沒有考慮到這一點。他們就只想著：「噢，你看這檔股票跌了這麼多，該出手了！」

但說真的，為什麼？

你必須有充分的「理性」理由去買進一檔股票。如果沒有，那麼即便它最近跌得多深，你為什麼要買呢？

你的理由必須跟推動股價上漲的原因有關。如果你實在想不出任何理由支持那檔股票能在短期內大漲，那麼你該死的到底為什麼要出手？

以下是幾檔散戶投資人實在很喜歡、卻不具備任何催化劑的股票。有些股票是我在本書的其他章節裡已經討論過的：

- **Cineworld**：它的債務比某些小型國家還要多，而且願意走進電影院的觀眾越來越少了。（請參閱「策略40」）
- **Purplebricks**：人們還是喜歡傳統的實體房仲，對於只提供線上服務的房仲似乎沒什麼興趣，即便是在疫情期間也是如此。誰會想透過網路賣掉自己最珍貴的資產呢？（請參閱「策略40」）
- **Card Factory**：大家都知道，現在人們購買卡片的數量已經遠不如從前，網路上的競爭對手也非常多。而且這間公司賣的商品真的都是一些「小東西」，追逐蠅頭小

利毫無意義。（請參閱「策略04」）

- **Superdry**：年輕人不想穿他們家的衣服了。當你發現中年大叔開始穿著某個原本很流行的潮牌時，你就知道那個牌子的麻煩大了。（請參閱「策略24」）

- **Smiths News**：這是一間報紙發行商。現在看報紙的人越來越少了。這是一個逐漸萎縮的產業，我估計該公司的利潤會緩慢地減少。最近在我的研討會上，有個傢伙不解的問：「但這檔股票的本益比只有3啊！」沒錯，但這是有原因的！

相較之下，史巴克先生會考慮買進哪幾檔股票呢？以下就是幾間具備「價格催化劑」的公司：

- **BAE Systems**：令人遺憾的是，隨著全球局勢不穩定，政府花在武器上的錢也會越來越多。此外，這類公司也經常彼此互相投標。因此股價有充裕的成長空間。（請參閱「策略14」）

- **Bloomsbury**：人們買的書變多了──出版商的生意簡直是絡繹不絕。史巴克先生會因此留意它的併購動向。至於有什麼不利的因素嗎？嗯，我想孩子們是不會輕易

放下《哈利波特》的。(請參閱「策略03」)

- **Spire Healthcare**。史巴克先生知道,由於NHS(英國的公費健保制度)的候診名單大排長龍,有越來越多人選擇自費進行手術,這就是刺激該公司股價上漲的催化劑。(請參閱「策略02」)

在你敲下買進鍵之前,務必要以「史巴克先生」的思維進行檢驗。你找到理性且合乎邏輯的催化劑了嗎?你買進的理由是什麼?有哪些確實能推動股價上漲的證據?

如果你能想像史巴克先生在得知你進行這筆交易的時候,會難以置信地挑起右眉,那麼你該做的就是取消交易,去改買別的東西。

這堂課我學到了什麼?

- 在你出手買進一檔股票之前,必須找到強而有力、能推動這檔股票上漲的理性原因。
- 你必須要有一個冷靜、不帶感情的理由去支持你的交易決策。
- 一廂情願的想法在決策時很常見——但是一點幫助也沒有。

策略42

聰明規劃靈活又穩健的退休金投資帳戶

經常有人問我關於「自選投資個人退休金」（SIPP）[1]的事。SIPP是一種由你自己操作買賣股票或基金的退休金帳戶。（倘若你不住在英國，你可以確認你所在國家的退休金法規與稅務規範——幾乎一定能找到類似的工具）。

你值得開一個這樣的帳戶嗎？如果答案是肯定的，那麼相較於ISA個人儲蓄帳戶，應該要怎麼操作SIPP帳戶呢？

我認為，SIPP帳戶絕對值得開，你應該讓它與ISA帳戶（還有點差個人儲蓄帳戶）一起運作。

---

[1] SIPP（Self-Invested Personal Pension）是英國提供的退休儲蓄計畫，允許投資人自主選擇和管理投資標的，例如股票和基金等。這種計畫提供稅收優惠，但管理規則較為複雜。

　　就我個人的觀點來看，SIPP帳戶的規定比較繁瑣，不如ISA帳戶那樣方便。但如果你有一份公司提供的退休金計畫，或者有一筆閒置的退休金，那麼為什麼不考慮把它轉成SIPP，然後自行操作呢？

　　22年前，我把自己從最後一份工作那裡獲得的3萬2,000英鎊放進了SIPP帳戶中，在沒有新增任何資金的情況下，這筆錢已經成長到50萬英鎊。我認為，如果我把這筆錢交給基金經理人操作，現在可能也只有7萬英鎊吧（如果運氣好的話）。

　　如果你喜歡投資，那麼將你現有的退休金計畫轉移到SIPP帳戶，會是一個明智的選擇，除非你的退休金是那種舊式且極為慷慨的「最終薪資給付制」（final salary schemes）[2]。此外，你放進SIPP帳戶的錢可以獲得稅務減免。每一次當你把錢投進去，英國政府就會牙一咬，再多加一點錢上去（具體規則請自行上網查詢）。

　　而缺點在於，在你提取這筆錢時（目前的年齡限制為55歲以後），只有25％的錢可以獲得免稅，其餘部分則必須根據現行的稅法規定來繳稅。因此，我自己是透過ISA帳戶及點差帳

2　一種傳統的退休金計畫，根據員工退休時的最終薪資水平及其工作的年限來計算退休金。這類計畫通常由雇主承擔主要風險，並保證員工退休後獲得固定的收入，無論市場狀況如何。

戶來進行交易，然後以退休金計畫的概念來運作SIPP帳戶。

那麼，操作SIPP帳戶的最佳策略是什麼呢？

這一點必須視你的年齡、狀態，以及與你的交易帳戶、普通帳戶內的資金相比，退休金帳戶內的資金規模多寡而定。整體來說，我會推薦你在管理SIPP帳戶時，把自己當作一名超級謹慎的基金管理人。畢竟，這筆錢應該是你的老本，是在你垂垂老矣時，能帶給你安穩保障的錢，我希望你在退休後能享受生活，不需要再為了錢而煩惱。

因此，我會建議你採取幾個謹慎的退休金投資策略。畢竟你還可以拿其他帳戶來冒險啊。請把你的退休金想像成是一雙超級無敵舒適的拖鞋。

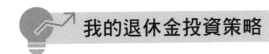

我的退休金投資策略

我的退休金投資原則就是：

第一，有優異的股利。我只允許股息殖利率至少有3％的股票（最好能接近4％或5％）可以出現在這個帳戶裡。有了這個原則，即便股價有時會下跌，你仍然會有穩定的收入，尤其當你從公司的退休金計畫中轉入大筆資金時。

由於你不需要從這個帳戶中，提領任何資金，直到你——

假設75歲為止。因此你有大把的時間可以讓它自由成長，就算你已經是高齡族群。

現在，想想看你想透過這個帳戶，買進哪些股票。讓我們先假設你有25萬英鎊。

我會建議你用20萬英鎊去買每年都會穩定發放優異股利的大型股，並找到那些利潤有望能隨著時間成長的股票。像是富時100指數中的大型企業、富時250指數中優秀的公司，或者是研究幾檔美國的藍籌股。

接著，我會把剩餘的資金投入小型股——或許是少量多次地進行，以獲得一點趣味。然而，即便是小型股，你也要遵守「3%股息殖利率」這個原則。

沒有股利？那就不要買。

你應該要把退休金帳戶的部分持股視為是長期投資，例如以5年為期。

你需要設停損點嗎？

當然要，這麼做的目的是為了防止市場大幅衰退，但我會設一個距離比較大的停損點。

你應該把退休金帳戶視為是一個不需要頻繁操作的帳戶，也可以把自己當成是一位長期基金的管理者，只會偶而進行買或賣。或許你只需要一個月檢視一次這個帳戶，然後進行一或

兩項調整即可。

　　你可以把資金集中在少數幾檔績優股上──它們有最棒的股利，所屬產業也極為穩固。你的SIPP帳戶應該要是你最穩健、防禦性最強且最無趣的基金！你不需要對市場波動過於擔心，因為日子還長得很呢。

　　至於是否該繼續把錢投到這個帳戶呢？

　　以英國人為例，除非你已經把該納稅年度的ISA個人儲蓄帳戶的免稅額度全部加值光光，否則我是不會再投錢到這個帳戶裡的。

　　倘若你真的有一筆此刻完全閒置的錢，也不想作為投資用途（倘若想投資，你可以放進點差帳戶），那麼就可以把它放進SIPP帳戶中。

　　但是請記住：一旦把錢放進去，要再把它拿出來就難了，尤其當你未來把25％的免稅提領額度都用完了以後，你想提款，就必須繳納稅金。

　　而且，超過法規允許的最高額度會導致更高的稅率。如果你幸運地達到最高額度（目前約為100萬英鎊），再增加資金到這個帳戶就不划算了。

　　祝你的退休金帳戶好運！記住：放輕鬆，不需要每天提心吊膽。「拖鞋就該舒舒服服的」。

這堂課我學到了什麼？

- 請將自己的非退休金免稅交易帳戶視為最優先。因為這些帳戶要提領比較容易。但是將既有的退休金轉入可以自行操作的自選退休金帳戶（或者你所在國家的類似帳戶），也不失為一個好選擇。
- 請用那些願意發放優渥、踏實且令人開心股利的大型、穩定且無趣的公司，來填滿自己的退休金帳戶。
- 以五年或更長時間的單位，來考慮退休金帳戶內的持股，不要頻繁調整內容。
- 這些交易應該要像是暖呼呼的拖鞋。隨著時間過去，它只會越來越舒服——而且表現得比基金經理人更好！

策略 43

消滅「賭徒心態」不如讓自己放手去賭

「賭博？等一等！這是什麼鬼策略，羅比，我以為你肯定不會幹這種事？你不是把股利、停損掛在嘴邊，還斷言比特幣是賠錢貨，總是講究小心謹慎、無趣至極的那種人嗎？」

是的，你沒看錯，而我確實也是你說的那種人。但我承認我內心還是住了一個賭徒，他爾偶也需要滿足一下。而且我敢說，讀到這裡的你，心中肯定也有一個賭徒在蠢蠢欲動！

每一位進入股市的人都必須明白，你的身上有冒險者的基因——如果你缺乏這個基因，你早就把錢存進銀行，或者把錢放在基金、債券上了。

九〇年代的我可是一個超專業的賭馬好手，所以我確實有賭博的慾望！我贏過最高的一筆賭注，就是以1賠8的賠率，

贏了2,000英鎊。在接下來的一年裡，我騎著腳踏車穿梭在倫敦的25個投注站，回收那些贏來的賭金。

　　某些時候，我確實會有股衝動，想要把所有的謹慎、理智和停損機制全都拋在腦後。我猜，你可能也會有相同的感受。只不過，我有許多方法能阻止自己這麼做。其中一種方法，就是拿些小錢去賭足球或賽馬之類的體育賽事，這純粹是基於興趣，下注金額也很小。

　　另一種方法，則是透過股票。如果你覺得自己總是忍不住會把太多錢投入高風險的股票，這裡有一個策略可以幫你擺脫這種情況！

　　你只需要簡單開立一個完全獨立的股票帳戶，最好連營業員也不一樣。但是，你只能把總投資資金的一小部分放進這個帳戶中，例如本金的5％，或者最多8％。假設你有20萬英鎊的本金，你就可以把其中的1萬英鎊放在這個獨立帳戶內。（但如果你的本金已經少於2萬英鎊，那麼這個策略或許就不合適你，因為這點資金會很難操作。）

　　好了，現在你該拿這個帳戶做什麼呢？當然是賭一把啊！沒錯，狂歡吧！任何老弱傷殘病的股票，你想買就去買，包括小型石油公司、加密貨幣、外匯、投機股、來自網路論壇的謠言、那些看得到吃不到的美夢等等。不需要太擔心停損點、原

則或任何事。反正愛買什麼，就去買！在這個帳戶裡，你就是賭徒。你也不需要像經營事業那樣經營這個帳戶，純粹是為了好玩。

　　你相信嗎，這個策略真的很有效！

　　多年來，我都向那些總是忍不住在主帳戶裡賭博的人推薦這個方法，結果證明，這個方法真的有效！我收到很多人的感謝信，他們告訴我這個方法讓他們擺脫了賭博的困擾。他們終於可以嚴謹、理性地管理自己的其他投資帳戶，就像經營事業一樣。而這個賭博帳戶，則滿足了他們想賭一把的慾望。

　　但是，這個策略還是有幾個原則必須遵守：

1. 在你把資金轉進這個帳戶之後，一年之內即便餘額減少了，也不可以再投錢進去。你只能用剩下來的錢去賭！
2. 一年之後，倘若你主要投資帳戶的表現良好，那麼你就可以再投入一點錢到賭博帳戶，但最多也只能占總投資資金的8％。
3. 倘若你贏錢了，你可以把贏來的錢繼續放在裡面，然後享受以更大金額下注的樂趣。
4. 千萬不要開槓桿去賭，這會造成世界末日！

倘若你發現，自己因為巨額損失而不斷把錢轉入這個帳戶，那麼這顯示你本質上是一個非常輕率的賭徒。請好好思考自己是否適合投資。我建議你聯繫匿名戒賭會（Gamblers Anonymous）[1]，這能為你帶來實質的幫助。

　　在這個賭博帳戶中，你不必買進那些基於理性考量的股票。你可以鎖定那些有潛力、可怕的雞蛋水餃股，和那些喜歡畫大餅、承諾未來會很美好的公司，用少量資金去做最愚蠢的交易。或許其中一、兩檔股票還真的成功了，這會給你渴望的刺激感。

　　你可能還是認為我是在開玩笑。絕對不是！這個策略真的很有效。當然，如果你原本就是一個無趣的老頑固，從未有過賭博的念頭（你這個幸運的傢伙），那麼你當然不必這麼做。你們之中的某些人可能根本不是賭徒，或者非常擅長抑制賭博的衝動，若確實是如此，請千萬不要因為認識了這個策略而開始這樣做！

1　一個跨國性的戒賭機構。

這條策略只適合那些知道自己內心深處，確實有著嗜賭的那一面，而且很有可能在投資時突然冒出來干擾你的人。你知道我說的人是誰，就是你自己！

因此，請趕快去開立一個副帳戶（然後遵守我列出來的操作原則）。

如果你本身就是賭博絕緣體，那麼你什麼都不用做，然後請徹底忘了這一章！

這堂課我學到了什麼？

- 交易者的心中多少都帶有一點賭性。說穿了，我們都是願意承擔風險的賭徒。
- 為了避免讓賭性影響你的交易，你可以開一個完全獨立且擁有明確嚴格規範的帳戶——然後，狂歡吧。你想怎麼賭，就怎麼賭。
- 絕對不可以追加資金，也絕對不可以使用保證金交易。
- 倘若你根本沒有想賭一把的衝動，就不要嘗試這個策略。
- 如果這個策略對嗜賭的你無效，請立刻停手並認真思考：或許你根本不適合交易。

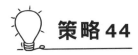

策略 44

跟「愛拼曝光率」的公司
保持距離

交易者通常都熱衷於買進那些「積極推銷自家公司」的股票。我指的是那些公司高層經常現身在飯店等場合，試圖提高公司知名度，或吸引投資人興趣的公司。

或者，有些公司會想方設法地吸引散戶投資他們的股票。例如，透過舉辦投資者關係日（Investor days）等活動，也會試圖與股市專家、財經評論員建立關係，增加曝光度。

像是今天早上，我就收到一封來自某公司執行長的電子郵件──當然，我不能公開它的名字（姑且說它是一間小公司吧）。信上說到，我可能會對一篇跟該公司有關的文章感興趣……，而極度禮貌且擁有討好型人格的我，由於不喜歡跟別人對嗆，因此我並沒有回信說：「好喔，這簡直是天大的警訊，

我現在唯一想做的事，就是放空你們的股票！」我只是簡單回覆了「謝謝您想到我，祝您好運！」之類的話。

然後這位執行長回信給我，他寫到：「……我只是想提高敝公司的知名度，畢竟敝公司位在一個鳥不生蛋的地方——lol（大笑）。」

就是這個「lol」，讓我瞬間傻眼。我的意思是，如果你是執行長，至少要維持一點點威嚴吧！

於是，我到Stockopedia網站上查了那間公司，我心想它肯定會被貼上「爛股」的標籤。果不其然，這間公司的獲利機會十分渺茫，而且風險超級無敵高。

基本上，如果一間公司經營得當，而且前景一片光明，市場老早（至少不會拖太久）就會發現它。它根本不需要花力氣站出來，拼命宣傳自己。基金經理人和散戶會透過「數字」找到它——這點完全不需要擔心。

我認為那些需要費盡心力、拼命宣傳自己的公司，往往都是出於絕望。他們渴望能拉高股價。如果能吸引到一些買家來推升股價，他們或許就能用比較好的價錢來籌措新鮮的資金。或者，至少能暫時解決財務危機。

有時不只是絕望，這麼做還會影響到公司的根本。他們得付出大量的金錢和時間才能曝光，這些都是干擾——他們不是

應該抓緊時間，坐在辦公桌前，努力爭取訂單嗎？

在我剛開始交易的時候，我也曾經被幾個穿著光鮮、滿嘴話術的執行長騙過好幾次。我在參加完一間公司的活動後買進我的第一檔股票，結果那間公司六個月之後就倒了。

那麼，還有哪些警訊值得我們注意呢？像是過於頻繁地發布股市公告，而且都是一些無足輕重的小事，像是「投資人發表會」或「我們贏得了價值100英鎊的合約」等。

當然，並不是所有公司都是騙子。如果你參加公司舉辦的活動，你可以透過一些方法篩選出好公司。以下是幾個值得你關注的事項，如果有提問機會，你可以親自向對方問個清楚：

1. 你們手上有多少現金？
2. 你們目前的淨負債狀況怎麼樣——六個月之後呢？
3. 你們實際的獲利數字是？（不要給我EBITA的數字，請參閱「策略26」）
4. 你們明年的獲利預估是？
5. 如果你們的獲利出現問題，現金也不夠，你們會考慮募資嗎？

在你把錢掏出來之前，務必要確保這些問題都獲得令你滿

意的答案，不要被美好的故事迷惑了──新產品跟新市場永遠都很吸引人，問題是：現在的買家在哪裡？獲利又在哪裡？假如他們刻意迴避獲利與債務的問題，你就要小心了。

　　此外，一般來說，當你發現一間公司的廣告幾乎無所不在，他們熱烈邀請投資人去參訪，並且總是在出席各種活動，這也說明有些事不太對勁。相較於這類公司，買進那些埋頭苦幹、一年只會發四次聲明、不需要「做公關」（或更精確地說，不需要胡言亂語）的公司更為明智。

這堂課我學到了什麼？

- 那些拼命推銷自己的公司，或許看起來有某種特殊的吸引力，讓人感覺很實在、好像只是想幫你一個忙而已。而那些提問時間、投資人關係日等，可能會讓你產生一種「自己已經深入研究過這間公司」的錯覺。
- **數字會說話。** 投資人總會試著找出最棒的公司，但如果一間公司必須費力地讓自己被看見，他們又能有多棒呢？
- 倘若你真要去參加公司辦的活動，那就無情地拷問對方吧。假如──只是假如，你得到不錯的答案，至少能挖出一些有價值的資訊。
- 對投資人來說，這種「投資者日」的好處，遠不如一間埋頭苦幹、替老闆（及投資人）努力賺錢的公司來得實在。

策略 45

無論行情走多或走空
都能獲利的祕訣

　　許多人可能對這個策略不感興趣。我懂，有些人就是不喜歡做空。但是，既然你認為好公司的股價會上漲，難道「壞公司的股價會下跌」這件事是不合理的嗎？

　　先前我們已經討論過做空的策略。本章我會把重點放在「結合做多與做空這兩種策略的運用」，進而在市場趨勢明確的情況下（例如新冠疫情爆發初期），依然能夠實現長期獲利。

　　包括我在內的多數的投資人都偏愛做多。我們喜歡買進那些會上漲的股票。但對於表現差勁的壞公司，為什麼不從它們身上賺點錢呢？在我的點差個人儲蓄帳戶裡（亦即我的點差帳戶，但就如同我在「策略36」所說，我是以ISA個人儲蓄帳戶的方式在經營它），我會同時持有多頭和空頭部位。我喜歡持

有幾檔我認為未來會向上成長的股票，而我也會持有幾檔我認為未來會下跌的股票。

就拿我目前點差帳戶裡的兩個最大贏家為例。在我動筆的此刻，這兩檔股票分別為我賺進了約4萬英鎊。其中一檔是做多，另一檔則是做空：

1. 公用事業服務公司Telecom Plus讓我獲利滿滿，我買進它的理由，是因為能源市場的發展動向有利於它。
2. 另一檔讓我大賺一筆的股票就是股價暴跌的Aston Martin。我之所以做空它，是因為它面臨的巨額負債與差勁的獲利潛力。

儘管這兩檔股票的走勢南轅北轍，卻能在同一個帳戶中為我帶來豐厚的收益。

為什麼這個策略會有效呢？

首先，它能讓你充分利用時間——即使你發現一檔股票的價格過高，你研究它的時間也不會白費。而且，無論市場、產業是朝哪個方向移動，你都能從中獲利。你不需要苦苦等待進場機會。

第二，這有助於改變你的思維模式，也能讓你充分了解市

場發生了什麼事，以及了解基本面和新聞、周期等因素對公司的影響。如此一來，你就不會因為整體市場的波動而感到無能為力，或因為找不到能上漲的股票而沒事可做。

這個策略還能讓你直觀地了解一間公司成功的關鍵，以及缺乏這些成功條件時可能會發生的問題。當然，你可以（也自然會）從手中那些沒能漲上去的股票身上學到這些道理，但是透過做空那些大跌的公司來學習這些道理，得到的回報絕對更令人滿意。

說到底，我們的目標就是要賺錢，那為什麼不採取多空併行的策略呢？

在我的點差帳戶中，另一個因多空併行策略而賺錢的例子是：

1. 我因為金融科技公司 Wise Group 高到嚇人的本益比而做空它，並因此而獲利。它的股價已經腰斬。（請參閱「策略26」）

2. 同時，我也做多了 Indivior，這是一間有機會在美國上市的製藥公司，其股價可望因此強勢上漲。（請參閱「策略14」）

我喜歡這種「多空平衡」。

或許有人會問：「這樣難道不會精神錯亂嗎？」

實際上並不會。在多數的交易帳戶裡，你可以輕鬆追蹤自己的多頭和空頭部位（空頭部位的旁邊通常會伴隨著負號，並以紅色標記）。在瀏覽帳戶時，兩者很容易分辨。

根據你的思維方式，你可以思考如何追蹤空頭與多頭部份，對你來說最方便。我自己會把它們顯示在同一個螢幕上，但有些人可能會更喜歡將它們分開顯示。如果你發現將兩者放在一起容易混淆，你也以用一個螢幕顯示多頭部位，另一個顯示空頭部位。

在追求這種「美麗平衡」的同時，有應該要注意的事嗎？

我認為，若你在同一個產業類別之下，分別做多及做空不同公司時要特別小心。因為這麼做很可能毫無意義，多頭與空頭的能量很可能會相互抵銷。

舉例來說，同時做空Ramsdens並做多H&T就很沒意義。這兩間當鋪公司基本上是在做一樣的生意。他們很有可能視大環境的變化同時上漲或下跌。雖然個別公司的財務狀況會有所不同，但它們所屬的產業狀況也會影響它們的股價。如果產業整體的狀況不好，同一產業之下的公司通常也不會太好（但凡事總有例外）。

　　我不大贊同某一派交易者的做法——他們會針對同一檔股票做多與做空。這個想法是基於「長期看好一檔股票，但預期它短期內會下跌」，所以，你會一邊持有長期的多頭部位，一邊又短期做空它來賺取收益。嗯，這種做法讓我很頭痛——如果你辦得到的話，我只能祝你好運了。

　　總結來說，透過做多與做空的組合，你就能以兩種方式賺錢，基本上就像是在經營自己的避險基金一樣。你這個機靈的傢伙！

這堂課我學到了什麼？

- 「多空併行」能打造出一個高效益的投資組合。
- 如果你發現了一檔被市場高估的爛股，別擔心，你的研究不會白費——或許它正是一檔適合做空的對象。
- 結合做多與做空，代表無論市場朝哪個方向波動，你都有機會能賺到錢。
- 這個策略能讓你更全面地掌握市場狀況，也能了解公司會如何受到好消息與壞消息的影響。
- 不要同時做多及做空同一個產業的公司，因為成果經常會相互抵銷。

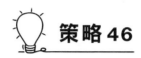

策略 46

節省龐大交易成本的
「3好球請出局」

　　我總會叮嚀交易者一定要做一件事。對他們來說，這或許是最難做到的一件事，但卻往往也是最能帶來整體回報的事。

　　到底是什麼事呢？

　　很簡單：如果你在某檔股票上賠了三次錢，那麼在三個月之內（最好是六個月），請遠離那一檔股票。同時，請停止追蹤它。

　　沒有什麼比花時間去想著（或盯著）那些總是讓你賠錢的股票，更令人沮喪的事了，尤其是當你一而再、再而三為了它賠錢的時候。更慘的是，你可能會不停地持有、加碼，說服自己這檔股票會反彈……直到你不得不硬著頭皮賣掉，接受虧損。

　　接著，歷史往往會重新上演。除非你能做到一件很簡單的

事——擺脫它，並發誓在設定的期限內，絕對不會再看那檔股票一眼。

雖然認賠殺出是正確的，但切斷與「輸家股票」的聯繫也非常重要——至少在一段時間之內。這個策略不僅能幫你省錢，還能拯救你的靈魂！你本來花在追蹤一間公司、煩惱何時要再次買進的時間，其實可以用來做更有趣（也更有利可圖）的事。

這就像是結束一段感情。儘管你曾經深愛對方，但再見面已經毫無意義，反而只會重蹈覆轍，讓你回到心碎的狀態。

以Boohoo這檔股票為例。在它從400便士一路暴跌到50便士的過程中，成千上萬的投資人不斷地逢低買進。也有一些人決定要在股價跌到谷底前，趕緊認賠出場，請見右圖。

假設你最初是以400便士的價位買進，接著你發現自己再也受不了這種折磨，於是在250便士的價位賣出。當股價掉到240便士時，你實在抗拒不了「低價」的誘惑，加上網路論壇上某位大師也說：「現在正是進場的好時機！」於是，你又再次進場買進。

噢，不！股價繼續下殺到200便士，你又賣掉持股。

然後，它跌到了180便士——「這也太便宜了吧！必須買，趕快買！」

噢，不⋯⋯又來了。它跌到了 150 便士──「我受夠了，我再也不碰它了！」

但事實是，你做不到。你想要報仇。你一直緊盯著 Boohoo 的股價，每一天，每一個小時，等待著復仇良機。因為你覺得，「我失去的錢，只是我暫時借給它而已！」

不，千萬別再做蠢事了！

此時此刻，你必須執行「3 好球就出局」策略。

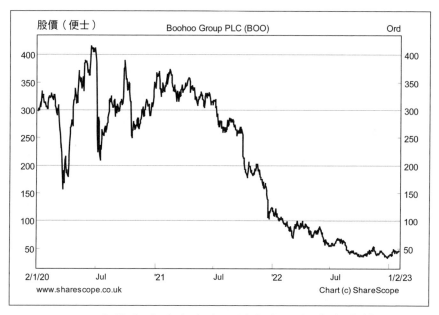

Boohoo──它的名字（小寶寶哭泣聲）取得實在太棒了！

這是你最後一次揮棒落空了。現在，你必須把Boohoo從交易螢幕中移除。別再讓誘惑擊垮你。

六個月後，當你再次見到這檔股票的時候，它只剩下50便士。嗯，看吧，這個策略幫你省下了一大筆錢！

再舉一個我的親身案例。

我曾經買過一檔名為Ince的股票，當時我覺得它的股價看起來挺划算的。我在76便士的價位買進，停損點設在68便士。但是，哎呀，它的獲利警示燈亮起，於是我在52便士的價位，帶著意外與痛苦出場，請見下圖。

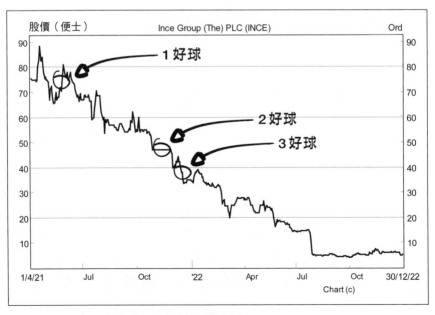

Ince——3好球就出局（謝天謝地）

但是，故事還沒完，因為這檔股票看起來實在太便宜了。我在 48 便士的價位再次買進，又再次在 44 便士的停損點出場。

最後一次（愚蠢的）嘗試，我是在 42 便士的價位買進，在 38 便士停損出場。

這三次進出一共讓我損失了將近 2,000 英鎊。吞下 3 個好球，我就出局了！我立刻把這檔股票從我的看盤清單中移除，再也不看它一眼，連相關新聞也不看。六個月後，見鬼了！我發現它的股價只剩下 5 便士！這個「3 好球就出局」策略救了我。

我曾跟一位買進勞斯萊斯（Rolls-Royce）股票的傢伙分享這個策略，以下是他寫給我的信：

> 「感謝老天！我買進勞斯萊斯的股票三次，每一次都讓我損失慘重。但今天，我很高興地宣布，這是我最後一次認賠，我不會再關注這檔股票了。我現在感覺輕鬆多了，因為那個每天讓我沮喪煩躁的源頭終於徹底消失了。從現在開始，我要好好過日子，好好去度個假。而且我這一次肯定能玩得很開心。」

在使用這個策略時，我建議你在第二與第三次買進一檔持

續下跌的股票時，務必要設定一個範圍更小的停損點。現在，檢查一下你的持股。有沒有哪一檔股票，已經讓你賠了三次錢？你知道該怎麼做了。

　　市場已經在提醒你：滾，別再進來了！

這堂課我學到了什麼？

- 在一檔股票上連賠三次了嗎？請立刻讓它從你的螢幕上消失至少三個月——消失六個月最好。
- 切斷跟那檔股票有關的所有消息，這能拯救你的金錢與靈魂。
- 請在第二次與第三次嘗試買進同一檔股票時，收緊停損點的距離。

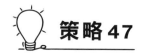

策略 47

投資組合中一定要有的 「無聊有限公司」

　　許多交易者最討厭的股票，莫過於那些看起來「很無聊」的公司。

　　什麼樣的無聊呢？像是生產螺絲或插座的公司，或者不會跑去非洲沼澤地挖石油、不會跑去伊拉克河流裡淘金的公司等。

　　相較於這類股票，人們更喜歡刺激，更渴望追求具刺激感的股票。若建議他們去買那些收益緩步成長、背景平淡無奇的公司……呃，先打個哈欠再說。

　　然而，只要付出耐心，這些無聊的公司有時卻能帶來絕不無聊的報酬。

　　舉例來說，還有什麼比替社會住宅提供電力服務更無聊的事業呢？但是，假如這樣的公司，像是Sureserve，它每年的

獲利都在成長，而且已經長達數年了呢？沒錯，他們在做的事很無趣，但人們對這種無聊服務的需求量卻越來越大。而且該公司手上還握有大筆現金，隨時可用來併購其他公司。

　　這類公司的股價往往會長時間的在原地踏步，只有在獲利成長時才會興奮地向上一跳。你可以長期持有，然後坐等收益（除非突然出現警訊，或者觸及你的停損點）。沒錯，這個類型的股票不會在一夕之間翻倍，但在你的投資組合中，確實需要這種動作緩慢，卻絕對可靠的傢伙。

　　「當鋪」也是一個無趣但獲利相當穩定的長遠型事業，相關的股票（通常）不大可能瞬間跌到谷底。而類似Ramsdens和H&T等當鋪公司的股票，卻經常被投資人忽略，因為它們看起來太無聊了。但有些時候，這些無聊的公司會隨著景氣循環而一鳴驚人——H&T的股價在2022年的短短數個月內，成長了50%。總有一天你會注意到，那檔擱在帳戶中的無聊股票，突然上漲了不少，而且等一等，你還累積了不少股利！（請參閱「策略39」）

　　但要注意的是，不要買到一間不僅無聊，而且還在逐漸衰退的公司。例如Smiths News，它看起來也是一間穩定且無趣的公司，也會配發不錯的股利。該公司專門向批發商供應書報雜誌，看起來就是一檔理想的無聊股票。

噢，請再仔細看一眼。他們在做的事不僅很無聊，而且還很過時——年輕人都在滑網路新聞，早就不看報紙了。雖然我不認為它一定會倒，但股價下跌是必然的，除非它轉型做其他事。

Facilities by ADF剛上市的時候，看起來也挺無聊的。它做的事簡單易懂：為電影和電視節目提供戶外拍攝所需的卡車和設備——又是一間優秀、穩定且無聊的公司。但一想到不斷成長的串流影音世界，肯定需要大量新鮮的內容之後，你就能推測這間公司的生意應該會忙到停不下來。此外，考量它擁有不錯的市占率，還有足以併購競爭對手的現金量，這絕對是一檔值得放在投資組合中，坐等收益進帳的無聊股票。（請參閱「策略26」）

總結來說，我認為在投資組合中配置幾檔理想、可以長期持有的無聊股票，這一點至關重要。當你在篩選股票時，你要想的應該是「很好，這是一間無趣，但值得投資的公司」，而不是「這間公司真無趣，看不出有什麼價值」。

不過，光是無聊還不夠。你還必須確保該公司的獲利持續成長、債務不多，最好還有一定的現金儲備。最重要的是，確認它不屬於正在衰退的產業。如果這些條件都滿足了，那麼，你該為如此無聊的公司感到興奮了！

這堂課我學到了什麼？

- 聽起來令人興奮的公司，未必總能帶來令人興奮的獲利。現實往往正好相反。
- 相對的，那些無聊但不可或缺的產品與服務，長期下來卻可能帶來令人興奮的收益。
- 請在你的投資組合中，放進幾檔這類穩定可靠的股票，最終你會露出滿意的笑容。
- 當然，並非所有無聊的公司都是好公司。然而，當你在篩選公司時，可以將「無聊」（令你打哈欠）當作初步的過濾條件，然後進一步思考「無聊——但或許有潛力」，從這個出發點開始研究。

策略 48

散戶如何建立完美的
投資組合

　　每個投資組合都應該謹慎混合各種類型的股票。不僅是涵蓋不同產業類別的公司，還應該同時涵蓋大企業與小型公司的股票。投資組合涵蓋的幅度越廣、類型越多元，你遭遇重大損失的機率就會越低。

　　倘若你的投資組合過度集中在單一產業的股票，那麼當該產業遭遇困境時，你的麻煩就大了。例如，你可能持有一堆石油類股，運氣好的時候，這些股票會一齊上漲，但若市場風向變了，你所有的股票都會遭到重創。

　　除此之外，你還必須考量到每一檔股票的持股比例。你的投資組合是否過度依賴一、兩檔個股呢？

　　請保持均衡。

　　同時要記得：規模較大且流動性高的股票會相對安全；而規模較小且流動性差的股票，當危機出現的時候，可能會讓你難以快速脫手。你絕對不希望自己的投資組合裡有那種很難賣掉的股票。

　　我認為最理想的投資組合，應該包含部分小型股、部分大型股，並且涵蓋不同類型的產業，而每一個類股的持股比重要做到大致均等。

　　以下是我其中一個帳戶的投資組合，你可以觀察其中的配置。

公司名稱	類型	規模
Argentex	外匯服務商	中型
BAE Systems	國防企業	大型
Begbies Traynor	破產清算公司	小型
Bloomsbury	出版商	小型
BP	石油公司	大型
Computacenter	資訊科技公司	大型
Concurrent	提供嵌入式計算技術解決方案	小型
Facilities by ADF	提供影視拍攝設備	小型

公司名稱	類型	規模
GB Group	數據管理及身分驗證服務商	中型
H&T	當鋪	小型
iEnergizer	軟體服務商	中型
Indivior	製藥公司	大型
K3 Capital	破產清算公司	小型
ME Group	提供快照亭／洗衣機設備	小型
Morgan Sindall	建築公司	中型
Next Fifteen	數據行銷及公關公司	中型
Redrow	房地產開發商	大型
RBG Group	法律顧問公司	小型
Ricardo	工程及環境諮詢公司	中型
Team 17	電子遊戲開發商	中型
Telecom Plus	公共事業	大型
Science	科技諮詢及產品開發商	小型
Sureserve	能源系統服務商	小型
Totally	醫療服務商	小型
Watches of Switzerland	零售業	大型

正如你看到的，這個投資組合涵蓋了非常多類型的公司，各行各業都有。裡頭共有25間公司，而每間公司我持有的股票價值，大約在5,000至1萬英鎊之間。其中，中大型股的持股比例稍多，小型股則較少。

隨著你的資金累積得越來越多，投資組合也需要更多的管理和維護。但是，沒錯，這基本上就是一門生意——當生意的規模變得越來越大，在經營上當然也會更費時費力。

倘若你已經有一段時間沒有仔細檢視自己的投資組合了，現在不妨來做一個練習：逐一記錄每檔股票所屬的產業類別。你可能會發現一些驚喜。是不是不小心過度投資某一個產業了？是不是買了太多零售或房地產類股了？你需要逐一調整，減少某個產業的持股比重。

當投資組合達到適當的「平衡」之後，請記得使用停損機制。你可以考慮賣掉一些表現不錯的股票——特別是那些因上漲而導致你持股比重過高的股票。很多投資人最後經常會出現持股過度集中在單一個股或產業的盲點。請記住：「平衡」是投資組合的關鍵，從各個方面來看都是如此。

這堂課我學到了什麼？

- 結合來自不同產業和規模的股票，能讓投資組合達到最佳的表現。
- 確保每一檔股票的持倉價值相對均衡。
- 請定期檢查，確保投資組合不會過度偏重於某個產業或個股。如果有，應適時賣出部分持股、獲利了結，這不僅合理，也是明智之舉。

結語

實戰：運用本書的
投資策略賺大錢

在本書中，我們已經探討了各種不同的投資策略。最後，我決定展示我另一個投資組合的實際情況，這是我截至2023年年初的一個投資組合，請見下圖。

 如何管理一個或多個投資組合？

這是一個相對較新的帳戶，我使用了五年左右。

在我寫作的此刻，我尚未將ISA個人儲蓄帳戶每年允許存入的最大額度——2萬英鎊放好放滿，但我會在下一個納稅年度結束之前完成這個操作。

為什麼要擁有一個以上的帳戶呢？

IG　Payments　Balance　— Total account value **£151,957**　Open Positions **£146,420**　Profit/Loss **£43,547**　Funds **£5,537**　Available to Deal **£5,537**

Finder　Prices　Watchlists ▼　Positions　Orders　Alerts　History　Tickets ▼　Charts ▼　Tools　News　Research ▼　Layouts ▼

Open Positions ✕

Market	Quantity	Avg Price	Book Cost	Sell	Market Value	Profit/Loss	Profit/Lo...
Alliance Pharma PLC	7500	51.0771	£3,830.78	59.40	£4,455.00	£ +624.22	16.29
Alpha Group International PLC	200	809.955	£1,619.91	1770.00	£3,540.00	£ +1,920.09	118.53
Argentex Group PLC	4000	86.58	£3,463.20	121.2	£4,848.00	£ +1,384.80	39.99
Bloomsbury Publishing PLC	1000	331	£3,310.00	447.5	£4,475.00	£ +1,165.00	35.2
Craneware PLC	175	1745.6	£3,054.80	1845.00	£3,228.75	£ +173.95	5.69
D4T4 Solutions PLC	1000	190.572	£1,905.72	238.50	£2,385.00	£ +479.28	25.15
EKF Diagnostics Holdings PLC	15006	44.3609	£6,656.79	48.00	£7,202.88	£ +546.08	8.2
Facilities by Adf PLC	15000	45.7467	£6,862.00	53.00	£7,950.00	£ +1,088.00	15.86
GB Group PLC	1000	215.845	£2,158.45	341.0	£3,410.00	£ +1,251.55	57.98
H&T Group PLC	56	199	£111.44	475.0	£266.00	£ +154.56	138.69
iEnergizer Limited	3000	263.9513	£7,918.54	404.00	£12,120.00	£ +4,201.46	53.06
IQGEO Group PLC	4000	160.1155	£6,404.62	188.50	£7,540.00	£ +1,135.38	17.73
K3 Capital Group PLC	1500	134	£2,010.00	343.00	£5,145.00	£ +3,135.00	155.97
Knights Group Holdings PLC	5000	88.5012	£4,425.06	106.50	£5,325.00	£ +899.94	20.34
LBG Media PLC	5000	64	£3,200.00	104.00	£5,200.00	£ +2,000.00	62.5
ME GROUP	5000	87.4	£4,370.00	114.00	£5,700.00	£ +1,330.00	30.43
MS INTERNATIONAL PLC	1000	457.3	£4,573.00	680.00	£6,800.00	£ +2,227.00	48.7
Next Fifteen Communications ...	250	432.532	£1,081.33	1010.00	£2,525.00	£ +1,443.67	133.51
Oxford Metrics PLC	5000	102	£5,100.00	108.00	£5,400.00	£ +300.00	5.88
Ricardo PLC	2251	399.518	£8,993.15	510.0	£11,480.10	£ +2,486.95	27.65
Solid State PLC	500	687.1	£3,435.50	1410.00	£7,050.00	£ +3,614.50	105.21
Sureserve Group PLC	7500	69.17	£5,187.75	85.00	£6,375.00	£ +1,187.25	22.89
Telecom Plus PLC	450	1218.1756	£5,481.79	2055.0	£9,247.50	£ +3,765.71	68.69
Victorian Plumbing Group PLC	10000	39.188	£3,918.80	92.0	£9,200.00	£ +5,281.20	134.77
Yu Group Plc	1000	380	£3,800.00	555.00	£5,550.00	£ +1,750.00	46.05
			£102,872.63		£146,420.23	£43,547.60	42.33%

我的ISA個人儲蓄帳戶（之一）

擁有一個以上的帳戶可能會讓你覺得多此一舉，但是基於以下幾個原因，使用不同的帳戶來投資其實相當實用：

- **分散風險**：假如你持有一檔小型股，當該公司突然發布獲利警示的時候，無論你持股數量的多寡，都有可能變得超級難脫手。當你好不容易透過一個券商賣掉一部分

持股後，可能會發現他們不再接受更多的賣單了。但若你將持股分散在兩家不同的券商帳戶中，你就能同時賣出持股，也更容易從危機中脫身。

- **券商差異**：不同的券商能提供不同的服務，比如某家券商能提供「電子式專屬線路下單」（direct market access）[1]，另一家則不能。此外，某些券商在停損機制的選擇上可能更方便。擁有多個帳戶能讓你逐漸了解各個券商的優缺點，並善用不同帳戶的特點去做不同的交易。

- **區分長線與短線投資**：我喜歡擁有一個專做長線交易的帳戶。

總之，回到左邊那張螢幕截圖上！

從左到右，你可以看到每一檔持股的數量、平均買進價、總投入資金、當前每股賣價、持股的市值、當前的損益（我很幸運，目前尚未虧損），最後則是百分比上的增減。

有些股票因為價格持續上漲，而成為我長期投資的部位。多數持股都配有不錯的股利。有些股票則因為在這個投資組合

1　這種交易方式允許交易者直接連接金融市場進行交易，省去經紀人的干預，實現更高速度和更精確的控制。這對高頻交易和自動化策略尤其重要。

中的占比變得過重，所以被我清掉了一些（獲利了結）。而這 25 檔持股每年可以讓我獲得大約 15 萬英鎊的股利，也就是每檔股票平均能獲得 6,000 英鎊的收益。這代表即便市場衰退，或甚至有公司倒閉，我也不需要太擔心。

你可能還會注意到，我刻意避開了那些難以預測的產業，像是石油與大宗商品，聚焦在那些我認為自己可以合理估值的股票上──這些股票涵蓋的產業非常多元，包括製藥、外匯、出版、科技、國防、綠科技、公共事業等。即使其中一個產業陷入風暴，也不會對我整體的投資造成嚴重打擊。

我很樂意賣出投資組合中的持股，尤其是當某檔個股的比重變得過高時。每當我賣出持股，或者將每年 2 萬英鎊的額度轉進這個帳戶時，我就會尋找新的投資目標。假如沒有額外的現金轉入且不想換股的話，我就會轉為操作點差交易，以維持免稅狀態。

當然，當你讀到這本書時，某些股票可能已經被我賣掉、換成其他標的了。我之所以秀出這個投資組合，是為了讓讀者理解我如何把本書的策略付諸實現。我猜幾年之後，這個投資組合的內容將會變得非常不一樣！

我持有這些股票的原因和理由

　　在這個投資組合中，有些個股已經在本書的其他章節出現過了。以下我用簡短的概述，來解釋我之所以持有它們的想法。

- **Alliance Pharma**：基於觸底反彈的策略（請參閱「策略40」），我在近期買進這檔股票。這間製藥公司受到新冠疫情影響，本益比僅為7，若有好消息出現，可望迎來顯著的漲幅。
- **Alpha Group**：它的股價已經翻了1倍，是我的長線投資部位。買進的原因是因為它有令人滿意的淨現金，以及他所屬的金融科技產業發展強勢。
- **Argentex**：我趁著趁著其他投資人因該公司公布亮眼財報而獲利了結時進場。目前已上漲了44％，有潛力成為我的長期持股。（請參閱「策略06」）
- **Bloomsbury**：我因為它「超乎預期」的財報而買進，目前股價已上漲了45％。它優秀的基本面，有機會讓它成為其他公司的收購目標。（請參閱「策略03」）
- **Craneware**：基於美國醫療產業近期非常熱門，我最近才剛買進這檔股票。

- **D4T4**：我在幾年前買進它，目前已賣出部分持股。請原諒我，因為我真的忘記自己當初是基於什麼原因買進這檔股票。
- **EKF**：這是我基於多個策略而買進的一檔股票，包括理想的淨現金及產業前景等，有潛力成為我的長期持股。
- **Facilities by ADF**：我是基於它的低本益比及所屬產業的潛力而買進。該公司專門為影視製作提供設備，且是這個產業中的佼佼者。（請參閱「策略26」）
- **GB Group**：這是一檔曾經的強勢股，先前我已經實現大部分的獲利，目前僅保留一小部分的持股，觀察它是否能成為「轉機股」。
- **H&T**：經過一次失敗的賣出交易後，目前我只剩56股在手上。（請參閱「策略39」）
- **iEngergizer**：我是基於它有潛在的併購機會而買進。先前它已經收到一次出價，希望還有下一次──這也是我持有它的主因。
- **IQGeo**：我是基於它優異的淨現金而買進，這間公司專為電信及公用事業公司提供地理空間解決方案，有其技術優勢，評價很好，因此就算股價下跌，快速反彈的機率也很高。

- **K3 Capital**：我看好它的淨現金及併購機會。它在350便士的價位已收到併購提案，因此我可能差不多要獲利了結了。這是一檔相當不錯的股票，沒有幾年的時間就讓我賺了155％。

- **Kinghts Group**：這是一間曾經歷危機的法律顧問公司，我看好它能觸底反彈。

- **LBG Media**：這是我投資組合中風險最高的一檔股票。它是一間產品橫跨多個媒體平台的年輕數位出版商。它的風險在於年輕人的閱讀／使用習慣難以預測。我在近期買進它，目前股價已經上漲了一段。期待該公司最新的獲利數字。

- **ME Group**：它有大量的淨現金，新事業的版圖也持續擴大。（請參閱「策略19」）

- **MS International**：我是基於它大幅成長的淨現金量及需求強勁的展望而買進。幸運的是，該公司近期宣布取得了一筆大訂單，短短幾周，股價就漲了45％。（請參閱「策略25」）

- **Next Fifteen**：這是一間數據行銷及公關公司，我打算長期持有。

- **Oxford Metrics**：同樣的，我看中它大量的淨現金。它

最近剛賣掉一部分的業務，手上現金滿滿。若能有效利用這筆錢，將有利股價大漲。

- **Ricardo**：它經營的業務（環境顧問）目前很受市場青睞。若沒有意外的話，我打算長期持有。（請參閱「策略39」）

- **Solid State**：我已持有它好幾年，目前股價已經翻倍，我打算繼續抱緊它。

- **Sureserve**：因為它夠「無聊」，所以我買進它！它是我的長期防禦股。（請參閱「策略47」）

- **Telecom Plus**：它擁有穩固的公用事業再加上高股利，長期持有！（請參閱「策略23」）

- **Victorian Plumbing**：我是基於它「超乎預期」的表現而買進。目前股價已將近翻倍，且仍有上漲空間。（請參閱「策略03」）

- **Yu Group**：我近期才買進，理由同上。儘管股價已經漲了不少，但它看起來仍然很划算。我很期待它的表現。

重要！你絕對不能忘記的事

在前面數百頁的篇幅裡，我們討論了許多你「該做」與「不

該做」的事。我希望這些投資策略和實戰經驗，能帶給你最真切的啟發，而這些經驗學習，也能成為你隨時翻閱、複習的實用指南。

隨著本書接近尾聲，我打算帶你回顧本書的精華。就算你把其他內容都忘了，也務必要謹記以下這些事：

- 跟著交易計畫走。持續記錄。永遠都不要忘記設定停損。
- 不要執著於賣在最高點。在股價上漲的過程中，你可能只會參與其中一段的漲幅。這很正常。只要你能在過程中獲利，要賺大錢並不是問題。重點在於享受這段旅程，而非追求完美的買賣時機。
- 養成敏銳的觀察力。多和他人聊聊、閱讀新聞。像偵探一樣發掘資訊。關注總能帶來回報。
- 財報和業績公布都會影響股價。在這些資訊揭露的前後，務必要謹慎地交易。
- 「淨現金」是投資人最好的朋友；「淨負債」永遠都代表潛在的危機。
- 機會通常會出現在富時250指數的公司中，而非那些超大型的跨國企業。
- 投資組合應該要像一支能兼顧攻擊與防守的球隊，均衡

且擁有多樣化的能力。

- 你的「思維模式」很可能會讓你長期停滯不前，但你也可以在短短幾分鐘內改變它。

- 改變你的思維或策略不僅至關重要，更能因此帶來收益。不要過於執著某一決策是否正確。要保持靈活，迅速調整。

- 世界末日鮮少會真正發生。在交易中，即使遇到災難，你仍然可以用相應的措施來保護自己，甚至還能從中獲利。

- 即使你發現了一間好公司，也不代表你必須立刻出手。你應該要觀察它的歷史波動，設定提醒通知來追蹤股價變化。保持耐心，理想的進場時機總是會出現。

- 避免跟著群體思維走。很多人經常會聚在一起錯誤地表達意見，即使是理性的網路討論區也可能會因此淪陷。相較之下，「數字」才是最真實的。

- 投資擁有多種收入來源的公司，風險會更低。

- 永遠要把焦點放在高品質的公司上。

- 用經營一門事業的心態去經營你的交易。

- 請避開那些狡猾、受公關操控、依賴著一廂情願的樂觀、或是其他人拼命灌輸給你的股票。相信數字、相信

簡單且合乎邏輯的方法，若事情不如預期，就應迅速停損，持續留在市場上——長期下來，你就會成為贏家。

請記住：你可以透過股市交易來實現你想要的生活。我的交易經歷就是一個活生生的證明，而這本書就是你的致富地圖。祝你旅途愉快！

羅比

在家買股滾出破億身價，
倫敦最狂散戶的股市實戰策略

The Naked Trader's Book of Trading Strategies: Proven ways to
make money investing in the stock market

作　　　者	羅比·伯恩斯（Robbie Burns）	
譯　　　者	李祐寧	
主　　　編	郭峰吾	

總 編 輯　李映慧
執 行 長　陳旭華（steve@bookrep.com.tw）

出　　　版　大牌出版／遠足文化事業股份有限公司
發　　　行　遠足文化事業股份有限公司（讀書共和國出版集團）
地　　　址　23141新北市新店區民權路108-2號9樓
電　　　話　+886- 2- 2218 1417
郵撥帳號　19504465遠足文化事業股份有限公司

封面設計　萬勝安
排　　　版　藍天圖物宣字社
印　　　製　博創印藝文化事業有限公司
法律顧問　華洋法律事務所 蘇文生律師

定　　　價　450元
初　　　版　2024年10月

電子書EISBN
978-626-7491-80-5（EPUB）
978-626-7491-79-9（PDF）

國家圖書館出版品預行編目（CIP）資料

在家買股滾出破億身價，倫敦最狂散戶的股市實戰策略：「策略站得穩，不怕市場作風颱！」寫
給小資股民的 48 堂盤前策略課／羅比·伯恩斯 著；李祐寧 譯 . -- 初版 . -- 新北市：大牌出版，
遠足文化事業股份有限公司 , 2024.10
368 面；14.8×21 公分
譯自：The Naked Trader's Book of Trading Strategies: Proven ways to make money investing in the
　　　stock market
ISBN 978-626-7491-81-2（平裝）
1. 股票投資　2. 投資分析

563.53　　　　　　　　　　　　　　　　　　　　　　　　　113012701